外国人労働者と支援システム

日本・韓国・台湾

佐野孝治・坂本　恵・村上雄一　編著

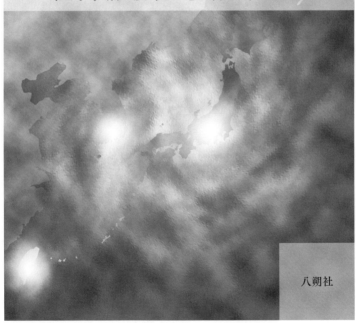

八朔社

序　文

佐野　孝治

　日本，韓国，台湾において少子高齢化と人口減少は共通かつ深刻な課題である。各国の将来人口推計では，日本の総人口は2022年の1億2,507万人から2065年には8,808万人に減少し，高齢化率は同期間に29.1％から38.4％に上昇する。韓国の総人口は，2021年の5,174万人から2070年には3,766万人に減少し，高齢化率は17.5％から46.4％に上昇する。また台湾でも，同期間に2,360万人から1,622万人へと減少し，高齢化率は17.5％から43.7％に急上昇する。これを女性や高齢者，技術革新で補うのは困難であり，外国人労働者の受入れは必要不可欠である。特に，地方において人口減少は極めて深刻であり，各国とも「地方消滅」が危惧されている。そのため，地方創生，地域活性化のための方策の一つとしてとして外国人の活用が図られている。

　一方，日本の外国人労働者数は，2012年の68万人から2021年10月には172.7万人となり，10年間で2.5倍に増加した。韓国と台湾は増加率こそ日本に及ばないが，2021年現在，それぞれ86万人，67万人であり，就業人口に占める割合はそれぞれ3.1％，5.9％であり，日本の2.6％を超えている。

　日本では，2019年4月から改正出入国管理法が施行され，「特定技能」（1号，2号）の在留資格が新設されるとともに，出入国在留管理庁が設けられるなど「人材開国」ともいえる大胆な改革が実施された。しかし，コロナ禍のため受入れが停滞したことに加え，制度的にも改善が必要である。特に，国内外から「人身取引」と批判されている技能実習生制度については，2022年7月に，古川禎久法相（当時）が，「目的と実態が乖離している」と見直しを表明している。

　他方，欧米に比べ，日本との類似点が多い韓国と台湾に目を向けると，台湾は1992年に雇用許可制に転換し，韓国も2004年に雇用許可制へ転換した。

特に，韓国の雇用許可制は様々な問題点は残っているものの，2010年には，ILO からアジアの「先進的な移住管理システム」と評価され，2011年には，国連から，「国連公共行政大賞」を受賞している。

　外国人労働者政策を考える際に，カナダやオーストラリアの多文化社会やヨーロッパの移民政策をモデルとすることが多い。しかし「韓国・台湾モデル」の方が日本にとってより参考になると考えられる。その理由として，両国の社会は日本との類似点が多いからである。たとえば外国人比率が2.4%〜4.3%と少なく「単一民族」的情緒を持っている点，また少子高齢化が進む中で，長期的には外国人に依存せざるを得ないという点などである。

　現在，アジアでは経済成長と少子高齢化が進む中で，すでに「外国人労働者争奪戦時代」に突入している。2022年に国際協力機構（JICA）が発表した報告書によれば，2040年に経済成長の目標を達成するためには，外国人労働者が現在の約4倍の674万人必要だが，供給ポテンシャルは632万人で，42万人が不足すると予測している。[1]

　それでは，外国人労働者にとって，日本は魅力的な国といえるだろうか。すでに高度外国人材からは，選ばれない国になっている。スイスのビジネススクールである IMD（2021）*World Talent Ranking 2021*によれば，日本の「働く国としての魅力」は，分析対象64カ国の内，49位であり，シンガポールの3位，香港の16位はもとより，中国（31位），韓国（46位）の後塵を拝している。政府は高度人材ポイント制を導入しているが，高度外国人材の在留者数は，2021年末で1万5,735人と他国と比べて低水準である。

　また単純技能労働者から見ても，近年の円安で日本の魅力は急速に失われつつある。10年前の1ドル＝80円台から，2022年の10月には1ドル＝150円台まで急速に円安が進んだことで，米ドル換算の賃金は約4割減少した。最低賃金を韓国と比較すると，日本は2022年10月以降，全国加重平均時給額で961円（米ドル換算6.5ドル）なのに対し，韓国の全国一律の最低賃金（2023

（1）　独立行政法人国際協力機構（2022）『2030/40年の外国人との共生社会の実現に向けた取り組み調査・研究報告書』。

年）は9,620ウォン（6.7ドル）である。さらに週休手当20％増を考慮すれば，1万1,544ウォン（8ドル）となり，東京都（1,072円，7.1ドル）を上回る。

　一方，送出し国であるベトナム，中国，フィリピンなどとは，まだ経済格差があるとはいえ，日本の長期的な経済停滞とアジア諸国の持続的な経済成長により，格差は縮まりつつある。すでに中国の技能実習生は大幅に減少しており，今後，より所得の低いネパールなどに労働力を求めても中長期的に限界がある。この間，韓国が移民庁の新設など移民活性化政策を進めているのに対し，日本は，移民に対する根強い抵抗感があり，本格的な政策導入には至っていない。

　さらに，人口減少が深刻で，外国人数が相対的に少ない地方における取組は非常に遅れている。外国人労働者の実態把握ができておらず，受入れシステムや支援体制も整備されていない。

　この中で，経済・社会発展と外国人労働者の人権を両立させていくための，持続可能な外国人労働者受入れシステムを構築していくことは緊急の課題である。

　本書は，欧米諸国に比べ，共通の社会経済システムと課題を持つ日本・韓国・台湾について，外国人労働者受入れの現状と課題を明らかにし，制度・政策・支援システムの比較を踏まえて，多文化共生を基本に置いた持続可能な外国人労働者受入れシステムについて論じる。

　次に，本書の構成は，第1部で，日本・韓国・台湾における外国人労働者受入れの現状，制度について，その特徴を明らかにする。

　第1章「日韓の外国人労働者受入れの現状と課題」（佐野孝治）では，単純技能労働者を中心に，日本と韓国における外国人労働者の現状と受入れ政策を整理し，比較した上で，基本原則から政策を評価し，課題を明らかにしている。

　第2章「中規模受入れ県から見る外国人労働者雇用の現状と課題」（坂本恵）では，中規模受入れ自治体として奈良県と福島県を取り上げ，少子高齢化の中，外国人労働者獲得競争が本格化する中で，どう選ばれる国，自治体になるのか。日本と派遣国がともに豊かになる道について論じている。

6

第3章「台湾における移住労働者[2]の受入れの現状」（村上雄一）では，台湾について，2009年時からの調査と比較しながら，2022年における台湾の移住労働者の現状と課題を明らかにしている。

第2部では，多文化共生社会の実現に向けて，日本・韓国・台湾の外国人労働者への支援システムを取り上げて，論じている。

第4章「日本政府の入管法改定，外国人労働者受入れ緩和策と外国人労働者支援システムの現状」（坂本恵）では，第130回国会，第137回国会の衆議院法務委員会での「出入国管理及び難民認定法」（以下「入管法」）改定にあたり参考人として筆者が行った意見陳述を紹介したうえで，人権擁護，支援システム構築の点で日本政府の取り組みがいかに不十分であるかを明らかにし，支援システム構築に向けた今後の課題を明らかにしている。

第5章「インターネットと移住女性と対抗的な公共圏—ベトナム人カトリック・コミュニティによる妊娠女性の支援を事例に—」（巣内尚子）では，コロナ禍において，エスニックな紐帯，宗教コミュニティ，インターネット，ローカルな市民社会とのかかわりの中で，ベトナム人女性と市民社会が「下位の対抗的な公共圏（subaltern counterpublics）」をどのように形成し，それが妊娠女性の支援にどう関与するのかを明らかにしている。

第6章「韓国江原道における外国人労働者・住民の現況と支援システム」（佐野孝治）では，韓国江原道における地方自治団体の関係部署，関係機関，支援団体などへのインタビュー調査をもとに，韓国江原道における外国人労働者・住民および支援団体の現状と課題を明らかにしている。

第7章「台湾における移住労働者の権利擁護と社会的包摂について」（村上雄一）では，台湾における移住労働者の社会的包摂事例について，TIWAへのインタビュー結果を踏まえながら紹介し，日本が台湾から学ぶべき先進事例について考察している。

（2）　外国人労働者を，国により「移住労働者」や「移民労働者」と呼ぶことがあるが，本書では，各国の呼称を尊重する。

　最後に，佐野孝治，坂本恵，村上雄一の3名が外国人労働者に関する研究を始めたのは，2007年に福島県の縫製企業で，時給300円で働かされていたベトナム人研修・実習生を支援し始めたことが契機となっている。これまでの科学研究費テーマは，①「外国人研修・技能実習生の人権擁護のための日越国際共同アクションプラン策定研究」（2011年〜2014年度，基盤研究B，代表者：坂本恵），②「日本・韓国・台湾における外国人労働者政策と支援システムに関する国際比較研究」（2011〜2014年度，基盤研究C，代表者：佐野孝治），③「持続可能な外国人労働者受入れシステムに関する日本・韓国・台湾の国際比較研究」（2015〜2018年度，基盤研究C，代表者：佐野孝治），④「日本・韓国・台湾における外国人労働者政策と地方自治体の役割に関する国際比較研究」（2019〜2022年度，基盤研究C，代表者：佐野孝治）であり，一貫して日本，韓国，台湾における外国人労働者の実態と外国人労働者政策に関する国際比較研究を進めてきた。本書は，この共同研究の近年の成果の一部である。技能実習制度については，2022年7月29日に，古川禎久前法相が「国際貢献という技能実習制度の目的と，人手不足を補う労働力として扱っているという実態がかい離している」として，見直しに着手すると表明した。古川前法相の会見の通り，①目的と実態の乖離，②ミスマッチ，③日本語能力の不足，④高額な借金，⑤原則，転籍ができず，不当な扱いを受けても相談・交渉できない，⑥管理・支援体制の十分さなど問題点が多い。また，毎年7割の事業場で労働基準関連法令違反が起きており，人権侵害や虐待はSNS等で世界に拡散している。日本だけでなく，世界中でこのような人権侵害を発生させないような，多文化共生を基本に置いた持続可能な外国人労働者受入れシステムを一刻も早く構築しなければならないと考えている。そのためにも，本書が，外国人労働者，移民，多文化共生に関心を持つ多くの読者の目に触れ，何らかのヒントになれば幸いである。

目　次

第 1 部

日本・韓国・台湾における
外国人労働者受入れの現状・制度

第1章

日韓の外国人労働者受入れの現状と課題

佐野　孝治

はじめに

　2019年4月から改正出入国管理法が施行され，「特定技能1号」と「特定技能2号」の在留資格が新設されるとともに，出入国在留管理庁が設けられた。5年間で最大34.5万人の外国人労働者を受入れる「人材開国」ともいえる大胆な改革である。技能実習生や留学生に単純労働を依存している状況に比べれば，新たな在留資格を設け，労働者として正面から受入れる方向性に，基本的に賛成である。技能実習修了者の受け皿を作り，不法就労を防ぐのに一定の役割を果たすと思われる。また同一分野内で転職の自由を認める点は，労働条件の悪化を防ぎ，外国人の人権を守る意味でも大きな前進であると評価できるが，受入れ態勢の整備など課題も多い。

　これまでの技能実習制度は，「開発途上国の経済発展を担う人づくりに寄与する」という国際貢献を目的としていたが，それはたてまえでしかない。実際には低賃金労働者の利用であり，しかも現実には，賃金不払い，悪質なブローカーが存在していた。その後，内外の批判を受け，2016年「外国人の技能実習の適正な実施及び技能実習生の保護に関する法律」（技能実習法）が成立し，「外国人技能実習機構」が設立された。新制度は，改善の方向に向かっているとはいえるが，2022年でも7割に当たる事業場で労働基準関連法令違反が起きている。また，米国国務省『人身取引年次報告書』でも，2007年から15年間にわたって，「強制労働」「人身取引」と批判の対象になっている。

　これとは対照的に，韓国の雇用許可制は国際的に高い評価を受けている。受入れプロセスの透明性や人権擁護などから，2010年9月には，ILO（国際労働機関）からアジアの「先進的な移住管理システム」と評価され，翌年6月には，国連から，「公共行政における腐敗の防止と戦い」分野における最も権威のある賞とされる「国連公共行政大賞」を受賞した。さらに2017年には，世界銀行から，「優れた情報アクセスにより，アジア太平洋地域の外国人労働者たちの韓国での就業機会を大幅に増加させた」（The World Bank2017）と高く評価されている。

　韓国でも，1990年代は外国人労働者を受入れる際に，日本をモデルとして，研修生・実習生制度を採用していたが，2004年に日本モデルを捨て，雇用許可制へ転換した。この制度は，2023年で19年目を迎える。この間，韓国の経済・社会に対してプラス面だけではなく，不法滞在者の増加[1]，人権侵害，外国人による犯罪の増加などマイナス面の影響も現れてきており，曲がり角を迎えている。この韓国の経験を，日本の外国人労働者政策に活かすことができると考える。

　先行研究として，日本では，佐野孝治（2010〜2021）の一連の研究があるが，他の代表的な研究として宣元錫（2013，2021）や春木育美（2011）などを挙げることができる。近年では，韓国の移民政策，統合政策に関心が移ってきていたが，出入国管理法の改正に伴い，加藤真（2021）など雇用許可制が再注目されている。

　韓国でも，外国人労働者から結婚移民などに研究対象が移っていたが，チェホン（2011），韓国雇用労使関係学会（2016），韓国移民財団（2016），チョヨンギ，カドグァン（2015），カンドングァン（2016）など，外国人労働者の経済的・社会的影響や雇用許可制の改善点に関する研究が行われている。他方，外国人労働者受入れ政策の日韓比較については，本格的研究が少ない。

（1）　不法残留者（正規に入国した後，在留期間を経過してそのまま在留する者）と不法在留者（不法入国，不法上陸により，そのまま在留する者）に分けられる。統計的に把握できるのは，不法残留者であるが，ここでは一般的な用語である不法滞在者を使用する。韓国の市民団体は，不法労働者と呼ばず，未登録労働者と呼ぶ場合もある。

したがって本章では，本格的な日韓比較研究の前段階として，単純技能労働者を中心に，日本と韓国における外国人労働者の現状と受入れ政策を整理したうえで，基本原則から政策を評価し，課題を明らかにする。[(2)]

1　日本と韓国における外国人労働者の現状

本節では，日本と韓国における外国人労働者の現状を概観する。

（1）日本と韓国における外国人労働者数の推移

1）日本における外国人労働者数の推移

日本の在留外国人数は[(3)]，2008年のリーマンショックから2011年の東日本大震災後にかけて一時減少したものの，2012年末の203.4万人から増加傾向にあり，2019年末には293.3万人と過去最高を更新した。また総人口に占める割合も，同期間に1.6％から2.2％に上昇した。その後，コロナ禍の影響で，2020年，2021年連続で減少したが，2022年6月には，296.2万人へと回復傾向にある（法務省出入国在留管理庁2022）。次に，日本における外国人労働者数は，厚生労働省「外国人雇用状況の届出状況まとめ」によれば，2012年の68.2万人から，2021年10月末には2.5倍の172.7万人へと増加し，過去最高を更新し続けている。また就業者数に占める割合も，同期間で1.1％から2.6％に上昇している（図1参照）。同様に，外国人労働者を雇用する事業所数は，同期間に12万カ所から28.5万カ所に倍増している。

2）韓国における外国人労働者数の推移

韓国の在留外国人は[(4)]，2008年115.9万人から，2019年の252.4万人まで，一

（2）　本章の韓国の雇用許可制の概要，評価については，佐野孝治（2017，2018）をベースに，データや資料を刷新したものである。

（3）　中長期在留者及び特別永住者。「3月」以下の在留期間が決定された者や「短期滞在」の在留資格が決定された者を含む。

（4）　長期滞在の外国人（登録外国人，外国国籍同胞国内居所申告）と短期滞在の外国人。

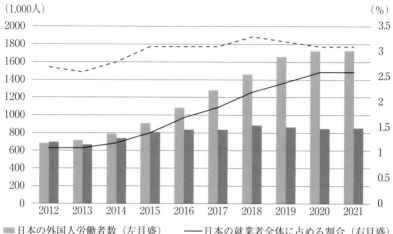

（1,000人）　　　　　　　　　　　　　　　　　　　　　　（%）

図1　日本と韓国における外国人労働者と割合の推移

出所：日本：厚生労働省［各年］「外国人雇用状況の届出状況まとめ」（10月末現在），
　　　総務省［各年］「労働力調査」（10月末現在）。韓国：統計庁［各年］「外国人雇
　　　用調査結果」及び統計庁［各年］「移民者滞在実態および雇用調査結果」（5月
　　　末現在），統計庁［各年］「経済活動人口調査」（5月末現在）より作成。

貫して増加した。総人口に占める割合も同期間に2.4％から4.8％に上昇し，
日本の2倍程度になった。しかし，コロナ禍のため，2021年には，197.4万
人に激減し，割合も3.9％に低下した。その後，2022年10月には220万人に回
復しているが，ピーク時の水準には達していない（出入国・外国人政策本部
2022）。

　次に，韓国における就労ビザ[5]で働く外国人労働者数は，出入国・外国人
政策本部（2022）で見ると，2022年10月末現在で，43.9万人であり，景気の
低迷を反映して，2015年の62.5万人から減少傾向にある。特に，コロナ禍の
ため2019年から，15万人以上減少している。内訳は，専門労働者5万2,346人，

────────────────────

（5）　専門労働者の在留資格は，C-4（短期就業），E-1（教授）〜E-7（特定活動），単純
　　技能労働者の在留資格はE-9（非専門就業），E-10（船員就業），H-2（訪問就業），
　　E-8（季節勤労）である。

一般雇用許可制の「非専門就業」25万3,076人，韓国系外国人を対象とした特例雇用許可制の「訪問就業」10万8,749人，「船員就業」1万9,463人，「季節勤労」5,153人である。

　就労ビザ以外にも在外同胞，永住，結婚移民などの在留資格で働く外国人労働者全体をとらえる必要があるため，本章では，統計庁（2021）「移民者滞在実態および雇用調査結果」を利用する。これは，移民（外国人と帰化許可者）2万人を対象とした標本調査である。これによれば，外国人労働者は2012年69.8万人から2018年88.4万人まで増加したものの，近年では，景気の低迷やコロナ禍を反映して，2021年5月末現在では86.3万人と減少傾向にある（図1）。また就業者数に占める割合は3.1％であり，日本を上回ってはいるものの，減少傾向にある。

（2）日本と韓国における国籍別外国人労働者の割合

　まず，日本における国籍別外国人労働者の割合は，2021年10月末現在，ベトナムが45.3万人と最大で，全体の26.2％を占めている。次いで中国39.7万人（同23.0％），フィリピン19.1万人（同11.1％）の順である（図2参照）。特にベトナムの増加率が高く，2016年の17.2万人（同15.9％）から，人数，構成比ともに急増している。他方，中国は，2016年の34.5万人（同31.8％）から，人数こそ増加しているものの，割合は8.8ポイント低下しており，2020年にはベトナムに抜かれている。

　次に，韓国における国籍別外国人労働者の割合は，2021年5月末現在，大部分が中国で，特に韓国語を話せる韓国系中国人が34.1万人（構成比39.8％）と最も多く，それ以外の中国4.4万人（同5.1％）を合わせると中国が5割近い（図3参照）。韓国系中国人が多い点が韓国の特徴だが，2016年と比較すると，37万人（同44.3％）から人数，構成比ともに減少傾向にある。次いでベトナムは2016年の7.1万人（8.5％）から2021年9.2万人（10.7％）に増加しているものの，日本と比較すれば増加率は低い。3位以降は，一般雇用許可制の送出し国であるカンボジアなど数％程度の国が続いている。

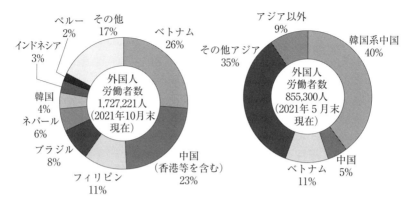

図2　日本における国籍別外国人労働者の割合
出所：厚生労働省（2022）「『外国人雇用状況』の届出状況まとめ」。

図3　韓国における国籍別外国人労働者の割合
出所：統計庁・法務部（2021）「2021年移民者在留実態および雇用調査結果」より作成。

（3）日本と韓国における在留資格別外国人労働者の割合

　まず，日本における在留資格別外国人労働者の割合は，永住者や日本人の配偶者など「身分に基づく在留資格」が58万人（構成比33.6％）と最も多い。次いで，「専門的・技術的分野の在留資格」39.5万人（同22.8％），「技能実習」35.2万人（同20.4％），留学生の「資格外活動」33.5万人（19.4％）の順となっている（図4参照）。コロナ禍で入国ができなかったため，技能実習や留学が大幅に減少した一方，専門的・技術的分野の在留資格が増加した。

　次に，韓国では，「在外同胞」が23.7万人（構成比27.7％）と最も多い。次いで，就労ビザである一般雇用許可制の「非専門就業」はこれまでは最多であったが，コロナ禍で入国が制限されたため21.6万人（同25.3％）にとどまった。続いて，「訪問就業」9.4万人（同11.0％）の順である（図5参照）。2016年と比較すると，非専門就業が25.8万人から21.6万人へ，訪問就業も19.2万人から9.4万人に減少する一方，在外同胞は15万人から23.7万人に増加している。また，日本と比べて，留学生の割合が小さい。

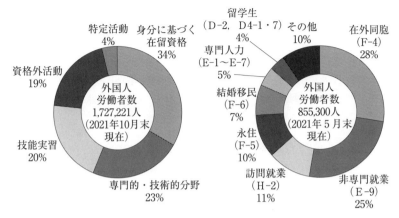

図 4　日本における在留資格別外国
人労働者の割合

出所：厚生労働省（2022）「『外国人雇用
状況』の届出状況まとめ」。

図 5　韓国における在留資格別外国
人労働者の割合

出所：統計庁・法務部（2021）「2021年
移民者在留実態および雇用調査結
果」より作成。

（4）日本と韓国における産業別外国人労働者の割合

　まず，日本における産業別外国人労働者の割合は，製造業が46.6万人（構成比27％）と最も多く，次いで，サービス業（他に分類されないもの）が28.2万人（同16.3％），卸売業・小売業が22.9万人（13.3％）の順となっている（図6参照）。

　次に，韓国では，鉱・製造業37万人（同43.3％），卸小売・飲食・宿泊16.2万人（18.9％），事業・個人・公共サービス14万人（16.3％），建設業10.2万人（11.9％）の順である（図7参照）。日本に比べ製造業の割合が16.3ポイント高い点が大きな特徴である。ちなみに，製造業の78％は男性，卸小売・飲食・宿泊の63％が女性である。

（5）日本と韓国における事業所規模別外国人労働者の割合

　まず，日本における事業所規模別外国人労働者は，30人未満の事業所で従事する者が62万人と最大であり，35.9％を占めている。30〜99人の事業所も19.0％を占め中小企業が中心となっている。他方，全体の18.6％は500人以上

22

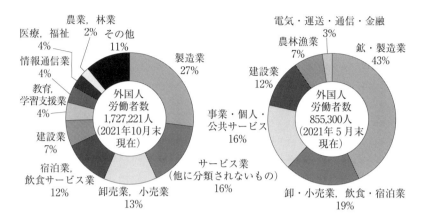

図6　日本における産業別外国人労
　　　働者の割合
出所：厚生労働省（2022）「『外国人雇用
　　　状況』の届出状況まとめ」。

図7　韓国における産業別外国人労
　　　働者の割合
出所：統計庁・法務部（2021）「2021年
　　　移民者在留実態および雇用調査結
　　　果」より作成。

の大企業で働いている（図8参照）。

　次に，韓国では，一般雇用許可制が外国人労働者を雇用できる事業体を中小企業に制限しているため，30人未満の事業所で従事する者が59.2万人であり，全体の69.2％を占めている。これは日本の2倍の水準である。内訳は，5人未満（23.6％），5〜9人（18.7％），10〜29人（26.9％）と零細規模の事業所が大部分を占めている（図9参照）。他方，300人以上の大企業で従事する者は3.0％に過ぎず，日本の500人以上の大企業で働く外国人労働者の割合18.6％と比較すると低水準である。

（6）日本と韓国における地域別外国人労働者の割合

　まず，日本における地域別外国人労働者は，南関東（42.9％），東海（17.9％），近畿（12.1％）の3大都市圏に集中している。他方，東北，北陸，甲信越，四国はそれぞれ構成比2％程度であり，分布に偏りがある（図10参照）。都道府県別では，東京（28.1％），愛知（10.3％），大阪（6.5％）の順である。技能実習の割合が高いのは，宮崎（65.3％），鹿児島（61.9％），愛媛（61.8％），

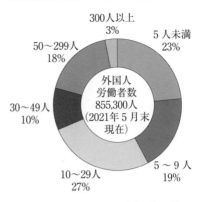

図8　日本における事業所規模別外
　　　国人労働者の割合
出所：厚生労働省（2022）「『外国人雇用
　　　状況』の届出状況まとめ」。

図9　韓国における事業規模別外国
　　　人労働者の割合
出所：統計庁・法務部（2021）「2021年
　　　移民者在留実態および雇用調査結
　　　果」より作成。

など地方が多く，専門的・技術的分野の在留資格では，東京（34.5％），京都（29.6％），沖縄（28.8％）となっている（厚生労働省2022）。

　次に，韓国でも外国人労働者は日本以上に首都圏に集中している。ソウルに隣接する京畿道（38.3％），ソウル特別市（19.2％），仁川（5.8％）など首都圏で，全体の63.1％を占めている（図11参照）。

（7）日本と韓国における外国人労働者の賃金分布

　まず，日本における外国人労働者の賃金分布をみてみると，東京商工リサーチが2018年末に実施した「外国人雇用に関するアンケート」によれば，外国人労働者の賃金は，15万円以上の階層で 2 割程度分布しているが，在留資格別では格差が大きい。月給30万円以上では，高度人材は 5 割，身分に基づき在留する外国人材は 3 割を占めているのに対し，技能実習生はほとんどいない。技能実習生の55％が15〜20万円に分布している（図12参照）。

　次に，韓国における外国人賃金労働者の賃金（月給）分布は300万ウォン[6]

_____

（6）　100ウォン＝10円（2021年 5 月31日現在）

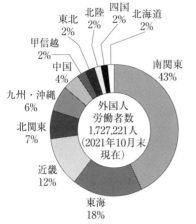

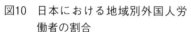

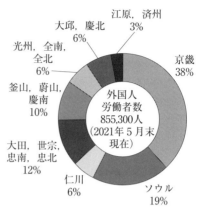

図10　日本における地域別外国人労
　　　働者の割合
出所：厚生労働省（2022）「『外国人雇用
　　　状況』の届出状況まとめ」。

図11　韓国における地域別外国人労
　　　働者の割合
出所：統計庁・法務部（2021）「2021年
　　　移民者在留実態および雇用調査結
　　　果」より作成。

（30万円）以上が21.9％，200万～300万ウォン未満が52.2％，100万～200万ウ
ォン未満が21.5％，100万ウォン未満が4.4％である。在留資格別では，専門
人力の月給は300万ウォン以上が31.7％を占めるが，非専門就業では16.2％と
少なく，200万～300万ウォン未満が68.8％を占めている。100万ウォン未満
は訪問就業や在外同胞などで数％見られる（図13参照）。また日本の技能実
習と韓国の非専門就業を比べてみると，技能実習生の55％が15～20万円であ
るのに対し，非専門就業の68.8％は，20～30万円と韓国の方が高水準に分布
している。

　ところで，近年の円安で日本の魅力は急速に失われつつある。10年前の1
ドル＝80円台から，2022年10月には1ドル＝150円まで急速に円安が進んだ
ことで，米ドル換算の賃金は約4割減少している。韓国と比較すると，韓国
の平均年間賃金は，OECD統計（実質・購買力平価によるドル換算）によると
2013年以降，日本を上回っている。また，技能実習生など外国人労働者に適
用されることが多い最低賃金で比較してみると，日本は2022年10月以降，全

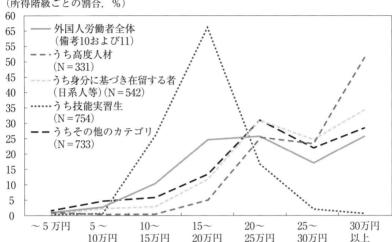

図12　日本の在留資格別外国人労働者の賃金（月給）分布（2018年12月）
注：原出所は，2018年11〜12月実施の東京商工リサーチ「外国人雇用に関するアン
　　ケート」調査。複数人いる場合は平均額，月給は年収を12等分した金額。
出所：内閣府政策統括官（2019）「企業の外国人雇用に関する分析—取り組みと課題
　　について—」21頁。

国加重平均時給額で961円（米ドル換算6.5ドル）であるのに対し，韓国の全国
一律の最低賃金（2023年）は9,620ウォン（6.7ドル）と逆転している。さらに
週休手当20％増を考慮すれば，1万1,544ウォン（8ドル）となり，東京都
（1,072円）を上回っている。

2　日本と韓国における外国人労働者受入れ政策

　本節では，日本と韓国における外国人労働者受入れ政策について，技能実
習制度，特定技能，一般雇用許可制を中心に整理し，特徴を明らかにする。

（1）日本と韓国における外国人労働者受入れ政策の経緯
1）日本における外国人労働者受入れ政策の経緯
日本における外国人労働者受入れ政策は3つのフェーズに分けることがで

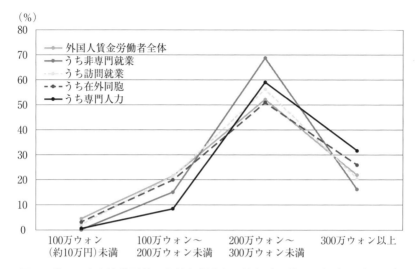

（％）

図13　韓国の在留資格別外国人賃金労働者の賃金（月給）分布（2021年5月）
出所：統計庁・法務部（2021）「2021年　移民者在留実態および雇用調査結果」より
　　　作成。

きる（表1参照）。第1フェーズでは，1981年に「出入国管理及び難民認定
法」（以下：入管法）が成立し，「外国人研修制度」が創設された。また1983
年には，中曽根内閣で「留学生10万人計画」が提唱されるとともに，資格外
活動が認められた。1980年代後半のバブル経済期に，製造業と建設業を中心
に労働力不足が顕在化し，東南アジアや南米などからの不法就労者が増加し
た。これを受けて，1988年「第六次雇用対策基本計画」が策定され，専門
的・技術的労働者は可能な限り受入れるが，単純労働者については受入れを
しない方針が出された。
　第2フェーズでは，1990年に入管法が改正されたことを契機として，外国
人労働者の受入れが増加した。「研修」の在留資格が定められ，団体監理型
の研修が設定された。また国際研修協力機構（JITCO）が設立された。さら
に「定住者」の在留資格が創設され，日系3世まで就労が可能となった。
1993年に，技能実習制度（研修・技能実習2年間）が創設され，1997年に最
長3年間に延長された。その後，技能実習生に対する人権侵害が多発し，批

表 1　日本と韓国の外国人労働者（単純技能）受入れ制度の経緯

	日本		韓国
研修制度，留学生の資格外活動	1981年	「出入国管理及び難民認定法」（外国人研修制度）	
	1983年	「留学生10万人計画」 資格外活動	
	1990年	「出入国管理及び難民認定法」改正　日系定住者，団体監理型の創設	
		日本の研修制度をモデル	1991年　海外投資企業向け産業技術研修生制
	1993年	技能実習制度創設（研修・技能実習2年間）	1993年　産業研修生制度（対象を中小企業へ拡大）
	1997年	最長3年間に延長	2000年　研修就業制度
技能実習生，留学生を中心とした受入れの本格化		雇用許可制への転換	2004年8月　雇用許可制の施行 ①「外国人勤労者雇用等に関する法律」 ②「出入国管理法」（非専門就業，訪問就業） 2007年1月　研修就業制度廃止 2007年3月　外国国籍同胞訪問就業制
	2010年	「出入国管理及び難民認定法」の改正　在留資格「技能実習」の創設	2007年　「外国人処遇基本法」 2008年　「多文化家族支援法」
	2016年	「外国人の技能実習の適正な実施及び技能実習生の保護に関する法律」「外国人技能実習機構」の設立	移民政策・統合政策
	2017年	「技能実習法」	
単純技能労働者としての受入れ開始	2019年	「出入国管理及び難民認定法」の改正　特定技能1号，2号の創設，出入国在留管理庁の新設	2019年　季節労働者受入れ制度

出所：各種資料より筆者作成。

28

判が強まったことから，2010年に　入管法が改正された。これにより「技能実習」の在留資格が創設され，労働関係法令の適用を受けることになった。さらに，2016年には「外国人の技能実習の適正な実施及び技能実習生の保護に関する法律」（以下：技能実習法）が成立し，「外国人技能実習機構」が設立された。この時期は，建て前としては単純労働者を受入れてはいないが，実質的には技能実習生や留学生に単純労働を依存していた。

　第3フェーズでは，2019年4月から改正出入国管理法が施行され，「特定技能1号」と「特定技能2号」の在留資格が新設されるとともに，出入国在留管理庁が新設された。正面から単純労働者を受入れる方向に転換した大胆な改革である。

2）韓国における外国人労働者受入れ政策の経緯

　韓国は，1980年代半ばまでは，中東などへの労働者の送出し国であった。その後，高度経済成長と民主化運動のなか，いわゆる3K業種の中小企業で労働力不足が深刻化したため，1988年のソウルオリンピックの頃から外国人労働者を受入れ始めた。受入れ当初は，日本の研修生制度をモデルとして，1993年には産業研修生制度，2000年には研修就業制度などを整備したが，送り出しプロセスでの不正，不法労働者化，人権侵害など問題点が多く，まさに「現代版奴隷制度」と呼ばれるほどであった。

　しかし盧武鉉政権の下で，国民世論の後押しを受け，2004年8月に，外国人勤労者雇用などに関する法律が施行され，雇用許可制へと大きく転換した。そして2007年には，研修就業制度が廃止され，外国国籍同胞訪問就業制が施行された。さらに在韓外国人処遇基本法（2007年）や多文化家族支援法（2008年）などが相次いで制定され，統合政策が進められている（表1参照）。

　このように韓国は2000年代前半から日本モデルを捨て，雇用許可制や統合政策などの面で日本よりも速いスピードで制度革新を進めている（佐野孝治2010）。

（2）日本における外国人労働者受入れ政策—技能実習と特定技能を中心に

1）技能実習制度

国際研修協力機構（JITCO）によれば，1993年に制度化された技能実習制度の目的は，「我が国で培われた技能，技術又は知識の開発途上地域等への移転を図り，当該開発途上地域等の経済発展を担う『人づくり』に寄与するという，国際協力の推進」である。また，基本理念として「労働力の需給の調整の手段として行われてはならない」（技能実習法第3条第2項）とされているが，実際には，単純労働者の受入れ制度として機能しており，度重なる労働関連法令違反，悪質なブローカーの存在が社会問題化し，国内外から批判を受けている。

その後，2016年に，「外国人の技能実習の適正な実施及び技能実習生の保護に関する法律（技能実習法）」が公布され，外国人の技能実習の適正な実施及び技能実習生の保護を図るため，技能実習計画の認定及び監理団体の許可の制度を設けるとともに，外国人技能実習機構を新設した（法務省出入国在留管理庁2020）。

期間は技能実習第1号から3号まで合わせて，最長5年間である。受入れ方式は，企業単独型と団体監理型に大別されるが，在留者ベースで2021年末では団体監理型の受入れが98.6％を占めている。技能実習を適正かつ円滑に行うために，ベトナム，カンボジアなど14カ国の送出国との間で二国間取決め（MOU）を締結している。転職・転籍は原則不可であるが，倒産等やむを得ない場合や，2号から3号への移行時は転籍可能である。また家族帯同は認められていない（表2参照）。また技能実習制度（団体管理型）の受入れのプロセスは図14の通りである。

2）特定技能

2019年4月，改正出入国管理法が施行され，在留資格制度「特定技能」が創設された。この制度の意義は「中小・小規模事業者をはじめとした深刻化する人手不足に対応するため，生産性向上や国内人材の確保のための取組を行ってもなお人材を確保することが困難な状況にある産業上の分野において，

表 2　外国人労働者受入れ制度の日韓比較

	日本			韓国
制度	外国人技能実習制度	特定技能制度		一般雇用許可制
在留資格	技能実習1号，2号，3号	特定技能1号	特定技能2号	非専門就業（E-9）
在留期間	技能実習1号（1年以内），2号（2年以内），3号（2年以内）　合計で最長5年	1年，6カ月又は4カ月ごとの更新，通算で上限5年まで	3年，1年又は6カ月ごとの更新	基本3年＋1年10カ月，「誠実外国人勤労者」は3カ月の帰国後，4年10カ月，合計で最長9年8カ月
業種	86職種	農業，ビルクリーニング，飲食料品製造，建設，介護，外食など12分野（14業種）	建設業，造船・舶用工業の2業種	中小製造業，農畜産業，漁業，建設業，サービス業など5業種
受入れ人数	32万7,689人（2022年6月末時点）	10万1,386人（2022年8月末）	2人（2022年8月末）	25万3,076人（2022年10月末）
人数枠	常勤職員の総数に応じた人数枠あり	人数枠なし（介護分野，建設分野を除く）	不明	業種ごとに人数枠あり，クォータ管理
外国人の技能・語学能力水準	なし（日本語能力はN4程度）	相当程度の知識又は経験が必要（試験等で確認，技能実習2号を修了した外国人は試験免除）	熟練した技能（試験などで確認）	一定の技能と韓国語能力
運営主体	民間機関（企業単独型，団体監理型）	民間受入れ機関＋登録支援機関	民間受入れ機関＋登録支援機関	公的機関
外国人と受入れ機関のマッチング	通常監理団体と送出機関	受入れ機関が直接海外で採用活動を行い又は国内外のあっせん機関等を通じて採用	不明	公的機関
転職・転籍	原則不可。実習実施者の倒産等やむを得ない場合や，2号から3号への移行時は転籍可能	同一の業務区分内で転職可能	可能	原則は不可だが，3年間で3回，1年10カ月の延長期間に2回可能
家族の帯同	不可	不可	要件を満たせば可能（配偶者，子）	不可

出所：各種資料より筆者作成。

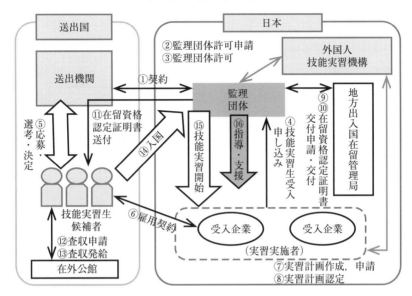

図14　技能実習制度（団体監理型）の受入れプロセス
出所：法務省・出入国在留管理庁，厚生労働省・人材開発統括官（2020）「外国人技
　　　能実習制度について」5頁。

一定の専門性・技能を有し即戦力となる外国人を受入れていく仕組みを構築すること」（法務省2018）である。

　まず「特定技能1号」は，「特定産業分野に属する相当程度の知識又は経験を必要とする技能を要する業務に従事する外国人向けの在留資格」であり，事実上の単純労働を認める制度とみなしうる。人手不足が深刻な ①介護，②ビルクリーニング，③素形材産業，④産業機械製造業，⑤電気・電子情報関連産業，⑥建設，⑦造船・舶用工業，⑧自動車整備，⑨航空，⑩宿泊，⑪農業，⑫漁業，⑬飲食料品製造業，⑭外食の14業種を対象に，最長5年間の就労が可能になる。マッチングは，受入れ機関が直接海外で採用活動を行うか，または国内外のあっせん機関等を通じて採用する。受入れ機関または登録支援機関が支援をすることになっており（図15参照），登録支援機関は2022年12月現在7,770件である（出入国在留管理庁2022b）。また家族の帯同は認められていないが，同一の業務区分内で転職は可能である（表2参照）。

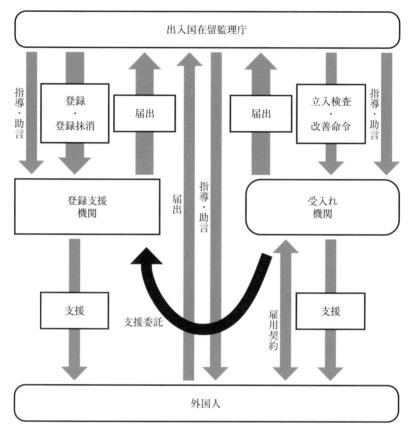

図15　特定技能（受入れ機関と登録支援機関）
出所：出入国在留管理庁（2019）「在留資格『特定技能』について」2頁。

　当初の計画では，特定技能での在留外国人数を2019年度で最大4万7,550人，5年間で最大34万5,150人と計画していたが，コロナ禍もあり，2022年8月末で，10万1,386人である（出入国在留管理庁 2022a）。

　次に，「特定技能2号」は「特定産業分野に属する熟練した技能を要する事務に従事する外国人向けの在留資格」である。建設，造船・舶用工業の2業種で，家族の帯同や在留期間の更新が認められ，受入れ機関または登録支援機関による支援の対象とはならない。2022年8月末で2人である。

　最後に，受入れ態勢の整備も進められている。2020年には，「外国人材の受入れ・共生のための総合的対応策」を改訂した。主な内容として，①外国人材の円滑かつ適正な受入れの促進に向けた取組（特定技能外国人の大都市圏その他特定地域への集中防止策，特定技能試験の円滑な実施），②生活者としての外国人に対する支援（「外国人在留支援センター」の設置など地方公共団体への支援拡大，「生活者としての外国人」に対する日本語教育の充実），③新たな在留管理体制の構築（留学生の在留資格審査の厳格化，技能実習生の失踪等の防止を目的とした取組の強化）などである（外国人材の受入れ・共生に関する関係閣僚会議 2020）。

（3）韓国における外国人労働者受入れ政策──一般雇用許可制を中心に

1）韓国の「雇用許可制」の概要

　韓国の雇用許可制とは，「国内で労働者を雇用できない韓国企業が政府（雇用労働部）から雇用許可書を受給し，合法的に外国人労働者を雇用できる制度」である。2022年10月末現在，一般雇用許可制（非専門就業ビザ）25万3,076人と特例雇用許可制（訪問就業ビザ）10万8,749人からなり，合計で36万1,825人に達する韓国の外国人労働者政策の根幹をなす制度である（出入国・外国人政策本部 2022）。

　一般雇用許可制は，ベトナム，フィリピンなど16カ国政府との間で二国間協定を締結し，毎年，外国人労働者の受入れ人数枠（クォータ：quota）を決めて実施する制度であり，中小製造業，農畜産業，漁業，建設業，サービス業の5業種が対象である。他方，特例雇用許可制は，中国など11カ国の韓国系外国人（在外同胞）を対象とし，サービス業など38業種が対象である。クォータ管理をせず，総在留規模で管理している（表3参照）。本章では，一般雇用許可制を中心に述べる。

　雇用許可制は以下の4つの基本原則[7]の下，制度設計がなされ，運営が行

（7）　他に，単純労務分野限定の原則，市場の需要尊重の原則などがあるが，本章では4つの原則に絞って考察する。

表3　韓国の外国人労働者受入れ制度（一般雇用許可制と特例雇用許可制の比較）

	一般雇用許可制	特例雇用許可制
対象国	ベトナム，カンボジア，インドネシアなど16カ国との間で二国間了解覚書（MOU）を締結	中国，CIS諸国（旧ソ連地域）など11カ国
対象者	韓国語試験，健康診断などの手続きを経て求職登録した者	中国，旧ソ連地域（ウズベキスタン等）の韓国系外国人（25歳以上）
ビザ	非専門就業（E-9）	訪問就業（H-2）（5年間有効のマルチビザ）
許可業種	中小製造業（300人未満または資本金80億ウォン以下），農畜産業，建設業，漁業（20トン未満），サービス業（廃棄物処理，冷凍倉庫など）など5業種が対象。	一般雇用許可制での許可業種にサービス業種（飲食，宿泊，介護，家事等29業種）を加えた業種。（建設業は，「建設業就業認定証」が必要）。
導入規模	外国人力政策委員会が毎年導入規模（クォータ）を業種ごとに決定。（2020年5.6万人，内，再入国1.3万人）	総在留規模（2020年30.3万人）で管理，業種別管理はしない。
滞在者数	25万3,076人（2022年10月末現在）	10万8,749人（2022年10月末現在）
就業期間	3年（事業主の申し出で再雇用可能，1年10カ月）「誠実外国人勤労者再入国制度」一定の条件を満たせば，一時帰国（3カ月）後再入国就職可能（4年10カ月）	3年（事業主の申し出で再雇用可能，1年10カ月）
就業手続	①　韓国語能力試験 ②　標準雇用契約 ③　事前就業教育（1～2.5週間） ④　非専門就業ビザ（E-9）で入国 ⑤　就業教育（16時間以上） ⑥　事業場配置	①　訪問就業ビザで入国， ②　就業教育 ③　雇用支援センターの斡旋または自由求職選択 ④　標準雇用契約後就業 ⑤　勤労開始申告が必要
事業場移動	原則3回（再雇用期間中2回）	事業場移動制限なし

出所：雇用労働部等各種資料より筆者作成。

われている。

　第1に，労働市場補完性（韓国人優先雇用）の原則である。単純技能労働者の全面的な開放ではなく，労働市場テスト（求人努力）を行い，国内で労働者を雇用できない韓国企業に対して許可を与える。また事業場移動が原則3回に制限されており，韓国人労働者と競合しないようにしている。さらに労働市場の需要動向を判断し，クォータにより受入れ人数を調整している。

　第2に，均等待遇（差別禁止）の原則であり，外国人も韓国人と同様に，

労働三権，最低賃金，国民年金，健康保険，雇用保険，労働災害補償保険などの適用を受ける。

　第3に，短期ローテーション（定住化防止）の原則であり，雇用期間は3年間（再雇用時は1年10カ月延長）に限定し，単純技能労働者の定住化防止を図っている。

　第4に，外国人労働者受入れプロセスの透明化の原則である。「産業研修生制度」では，民間事業者・ブローカーにより，不正が横行したことの反省から，送出し国との間で二国間了解覚書（MOU）を締結して責任を明確化し，雇用労働部が主管して，韓国語教育から帰国までの全プロセスを運営している。

2）韓国の一般雇用許可制の手続き

　一般雇用許可制では，事業主は，以下の手続きを経て，外国人労働者を雇用することができる（図16参照）。

① 　外国人労働者（人力）政策委員会による導入業種・規模・送出し国の決定。

② 　二国間で了解覚書（MOU）の締結。

③ 　送出し国・政府（公共機関）から雇用センターへ送出し労働者名簿の送付。

④〜⑤ 　求人登録・韓国人求人努力義務と雇用許可書の申請。

⑥ 　雇用センターによる外国人労働者の推薦と雇用許可書の発行。

⑦ 　雇用契約締結。

⑧〜⑩ 　ビザ発行認定書の発行と送付。

⑩〜⑪ 　ビザ発行申請と発行。

⑫〜⑬ 　入国及び就業教育。

3　受入れ原則から見た日韓両国の外国人労働者受入れ制度の評価

　本節では，評価基準として，韓国の雇用許可制の原則（①労働市場補完性

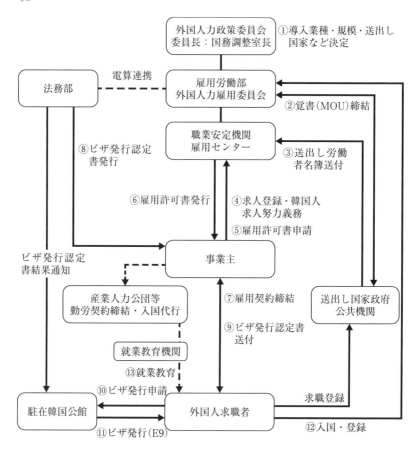

図16　一般雇用許可制の受入れプロセス
資料：雇用労働部・EPS（www.eps.go.kr）。

（自国民優先雇用）の原則，②均等待遇（差別禁止）の原則，③短期ローテーション（定住化防止）の原則，④外国人労働者受入れプロセスの透明化の原則を利用し，それらが達成されているかどうかで日韓両国の外国人労働者受入れ制度を評価する（表4参照）。

表4　受入れ原則から見た日韓の外国人単純労働者受入れ制度の評価

	日本	韓国
①労働市場補完性の原則が守られているか	①労働力不足の業種に限定。 ②労働市場テストや業種ごとのクォータ管理はない。 ③事業場変更は原則不可能。 ④労働力不足業種のため補完的役割。 ⑤特定技能は転職が可能になるため競合の懸念がある。	①労働力不足の5業種に限定し，受入れ枠を設定。 ②労働市場テスト ③事業者に雇用許可を与える。 ④事業場変更制限あり ⑤3K業種のため補完的役割となっている
②均等待遇の原則が守られているか	①制度の目的と実態の乖離 ②事業場移動は原則不可能。 ③7割にあたる事業場で労働基準関係法令違反。 ④日本人との賃金格差がある。 ⑤労働災害率は低水準で，日本人労働者よりも低い。 ⑤特定技能では外国人労働者の保護強化がとられているが実効性には疑問。	①労働基準法，労働三権，最低賃金，保険適用がある。 ②韓国人との賃金格差がある。 ③産業研修生に比べれば大幅に改善したが，差別は残っている。特に農畜産業で人権侵害がみられる。 ④被差別経験をした外国人労働者の割合は減少傾向だが，高水準である。 ⑤労働災害率が高水準で，韓国人より高い。
③短期ローテーションの原則が守られているか	①滞在期間の長期化傾向。 ②特定技能2号は期限がなく，永住権取得の可能性がある。 ③不法滞在者は減少傾向にあるが，技能実習生の失踪は増加傾向にある。 ④短期ローテーションの維持困難性	①滞在期間の長期化傾向。 ②熟練技能外国人労働者対象に，在留資格の変更，永住権付与。 ③不法滞在者が増加傾向にあり，一般雇用許可制でも増加している。 ④短期ローテーションが揺らいでいる。
④受入れプロセスの透明化の原則ができているか	①技能実習制度では悪質な送出し機関やブローカーの存在。 ②不適正な監理団体の存在。 ③高額な送出し費用。 ④登録機関，登録支援機関ともに従来の仲介業者の延長上であり，人員，財源ともに不足しており，モニタリングの実効性には疑問が残る。	①二国間協定の締結，政府機関による運営により，悪質ブローカーを排除し，透明性が向上した。 ②送出し費用が激減した（2001年3,509ドル⇒2011年927ドル）
国際的評価	①2007年〜2022年，米国国務省『人身取引年次報告書』で批判された。 ②2014年，国連自由権規約委員会で批判された。	①2010年，ILOからアジアの「先進的な移住管理システム」と評価された。 ②2011年，国連から，国連公共行政大賞を受賞した。 ③2017年，世界銀行から優れたシステムとして評価された。

注：1　韓国の特例雇用許可制については省略する。
　　2　日本の外国人技能実習制度は公的には「国際貢献」を目的としたものであり，単純技能労働者の受入れ制度ではない。
出所：各種資料より筆者作成。

（1）労働市場補完性（自国民優先雇用）の原則からみた日韓比較

1）労働市場補完性（自国民優先雇用）の原則からみた日本の技能実習制度・特定技能

まず技能実習制度についてみれば，労働力不足が深刻な縫製，養豚，養殖，溶接など86の職種に限定している。いわゆる「3K（きつい，汚い，危険）」の職種が多く，有効求人倍率が高く，慢性的な労働力不足状態にある。また倒産の場合などを除けば転職・転籍はできないため，日本人労働者との競合は少なく，補完的役割を果たしているといえる。

外国人労働者が大幅に増加しているにもかかわらず，失業率（年平均）は，2003年3.6％から2020年2.8％へと低下しており，また賃金水準の下落は見られない。

ただし，韓国のような労働市場テストや業種別のクォータ管理がとられておらず，制度的には未整備の状態である。技能実習生の増加率は高く，今後も増加していくと想定される。したがって無秩序な受入れではなく，労働市場テストやクォータの設定などの仕組みが必要になってくると思われる。

次に，特定技能については，現時点ではコロナ禍の影響もあり評価が困難だが，制度的には「生産性向上や国内人材の確保のための取組を行ってもなお人材を確保することが困難な状況にある産業上の分野」である特定分野14業種に限定されており，失業率の上昇や労働条件の悪化は起こらないのではないかとみられている。しかし，5年間で最大34.5万人と計画規模が大きいこと，労働市場テストなどの調整制度がないこと，同一業種で転職が可能なことなどを考慮すると，中期的には日本人労働者と競合する懸念がある。

2）労働市場補完性（自国民優先雇用）の原則からみた韓国の雇用許可制

韓国政府は，外国人労働者を受入れるに当たって，①労働力不足の5業種に限定，②労働市場テストを行い，国内で労働者を雇用できない韓国企業に対して許可，③外国人力政策委員会による業種別のクォータ管理（労働市場需給調査，景気動向，不法滞在外国人数などにより毎年決定），④事業所規模別の雇用率設定，⑤事業場変更を原則3回（再雇用期間中2回）に制限，など

の政策により，韓国人労働者と競合しないようにしている。ただし，労働市場テストによる韓国人労働者の採用比率は，2014年で製造業0.65％，全体0.51％と低水準であり（ソルドンフン他 2015），また韓国人労働者が応募しないことが予想される最低賃金水準での募集も多くみられることから，形骸化している面もある。

　まず，労働力の需給状況を見ると，2014年から継続して求人数が採用数を上回っており，未充足率は11％を超えている。現員に対する不足人員を見ると，2019年上半期22.6万人（韓国人20.3万人，外国人0.9万人），2019年下半期24.1万人（韓国人23.5万人，外国人0.6万人）である。また，人員不足率をみると，2019年上半期で韓国人1.9％，外国人2.3％，2019年下半期で韓国人2.0％，外国人1.7％であり，現在も労働力不足の状態である。

　次に，2003年から2019年にかけて，外国人労働者は46万人から86.3万人に増加したが，両時期の失業率はそれぞれ3.6％と3.8％であり，大幅な悪化は見られない。

　雇用労使関係学会（2016），イキュヨン（2017）によれば，雇用許可制と雇用保険のデータベースによる分析の結果，外国人労働者の増加に伴い，韓国人全体にはマイナスの影響は見られない。ただし，外国人労働者の雇用割合が１％増加するとき，男性の雇用には明らかな影響はないが，女性の雇用は0.15％減少する。また製造業では補完的だが，サービス業では代替性が存在する。さらに時期別では，2007年４月から2011年までは韓国人雇用が0.6％増加したが，2012年以降は1.7％減少したと推計している。

　一般雇用許可制は，労働力不足率が高い3K業種の製造業中心に就労しており，近年の韓国経済の低迷を反映して，受入れ人数も抑制的になっているため，韓国人労働者との競合は少なく，補完的役割を果たしているといえる。他方，特例雇用許可制では，韓国語を話せる韓国系外国人は，サービス業や建設業での就業が認められ，事業場変更も自由であるため，労働市場での代替現象が発生しているという分析結果もある（チョンスファン 2016）。

（2）均等待遇（差別禁止）の原則からみた日韓比較

1）均等待遇（差別禁止）の原則からみた技能実習制度・特定技能

　技能実習制度に関しては，これまで法改正がなされ一定の改善が図られているとはいえ，特に人権問題を中心に国内外からの強い批判がなされている。例えば，米国国務省『人身取引年次報告書』は，2007年から15年間にわたって，技能実習を「人身取引」と批判している。2018年版では，「技能実習生の中には，契約した職場での虐待的環境から逃れたことにより，在留資格に違反することになり，失業中の身で人身取引の被害を受けやすくなった者もいた」（The United States Department of State 2018）と批判している。

　技能実習制の問題点として，第1に，制度の目的と実態の乖離を挙げることができる。外国人技能実習生問題弁護士連絡会は，「技能実習制度では，途上国への技術移転を通じて国際貢献を図るという制度目的と，安価な労働力確保のために用いられているという実態とが全く乖離している」と批判し，技能実習制度の廃止を強く求めている。少なくとも「国際貢献」という建前は世界から信じられていない。

　第2に，技能実習生の実習実施者の労働基準関係法令違反は，2014年の2,977件から，2020年の5,752件に増加している。法令違反の割合も同期間に76％から70.8％に低下したとはいえ，高水準のままである。2020年の主な違反内容は，安全基準（24.3％），労働時間（15.7％），割増賃金の支払い（15.5％）であり，この中で，長期間の賃金不払い，労災隠しなど重大・悪質な労働基準関係法令違反により送検されたのは32件である（厚生労働省2021）。

　第3に，法務省・技能実習制度の運用に関するプロジェクトチーム（2019）によれば，2017年1月〜2018年9月の間に，失踪し聴取を受けていた技能実習生5,218人のうち，約15％の759人が最低賃金違反や契約賃金違反，残業時間不適正などの不正行為を受けていたことが判明した。また2012年から2017年にかけて171人の技能実習生が死亡している。このうち43件は監理団体等の報告漏れ，入管局の記載漏れであり，報告のずさんさが浮き彫りになった。ただし，報告書では，外国人技能実習機構が実習実施者，監理団体を計画的に実地検査したり，母国語相談など技能実習生の保護・支援を実施したりし

ており，新制度による適正化は，全体として一定程度機能していると報告している。

　しかし，外国人技能実習機構（2019）が，2017年11月から2019年3月までの間に実地検査を行った実習実施者7,891件のうち，技能実習法違反は2,752件で，違反割合は34.9%を占めた。主な違反内容は，「帳簿書類の作成・備付けの不備」が40.5%，「宿泊施設等の不備」16.2%，「実習内容等が計画と相違」12.9%であり，適正化が進んでいるかどうかについては懸念が残る。

　第4に，技能実習生に転職の自由がないことが大きな問題である。倒産や不正行為などがある場合に限り，認められてはいるが，実際には転職困難であり，劣悪な労働条件でも，帰国か，失踪かという二者択一に追い込まれ，我慢をせざるを得ないという状況となっている。

　第5に，賃金格差についてみておこう。日本政策金融公庫の調査によれば，非正社員の時給分布は901〜1,000円が40.9%と最も多いのに比べれば，技能実習生の時給は850円以下が48.9%と最も多く，低めに分布している。また技能実習生がいる企業は，いない企業に比べて，非正社員を新規に募集する際に提示する時給が低めである（図17参照）。もともと生産性が低く，最低賃金以上の賃金を支払えない企業が多い可能性もあるが，逆に，技能実習生を雇えるので最低賃金以上を支払おうとしない可能性もある（竹内英二2017）。ただし，受入れ企業から見れば，渡航費用，住宅手当の支給割合は高く，監理団体に支払う費用もかかるため，必ずしも低賃金という意識ではない。

　第6に，日本における外国人労働者の労働災害による死傷者数は，2014年の1,732人から2018年には2,847人に増加している。しかし，2018年の外国人労働者1000人当たり死傷者数は1.9人であり，日本全体の2.2人と比べても，低水準である（図18参照）。

　最後に，特定技能については，まだ受入れが進んでいないため評価をすることはできないが，少なくとも制度的には，外国人労働者の均等待遇・人権に配慮した制度設計になっているといえる。まず，同業種内で転職が自由になり，より良い労働条件を選択できるようになったことは，大きな改善点である。また登録支援機関・労働基準監督署・ハローワークの連携により，支

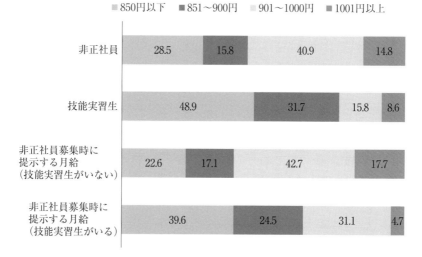

図17　外国人従業員の時給

出所：竹内英二（2017）「中小企業における外国人労働者の役割」『日本政策金融公庫
　　　論集』第35号，30頁。

援・監視体制が一定程度改善されると期待できる。ただし，人員や予算措置
が外国人労働者の増加に追い付かなければ，監視・支援システムが十分に機
能せず，法令違反・人権侵害が発生する懸念も残る。

　２）均等待遇（差別禁止）の原則からみた雇用許可制
　韓国の産業研修生制度時代において，外国人労働者は，形式的に研修生で
あったため，労働者としての権利も保障されず，最低賃金未満で長時間労働
を行っていた。またパスポートの取り上げ，暴行といった人権侵害のケース
も数多くあった。雇用許可制に転換して，「外国人勤労者雇用等に関する法
律」に差別禁止が明文化され（22条），韓国人労働者との均等待遇の原則が
採用されたが，実態はどうなっているのであろうか。
　第１に，制度的には，外国人労働者は韓国人と同様に，勤労基準法，労働
組合法，最低賃金法，産業災害補償保険法などの労働関連法が適用される。
また，雇用契約の際も，賃金，労働時間，休日，勤務場所など労働条件およ

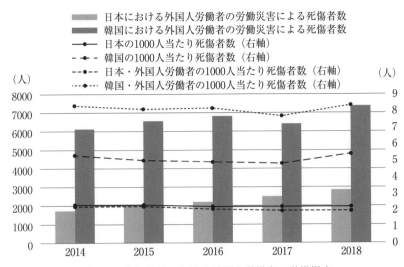

図18　日本と韓国における外国人労働者の労働災害

注：両国で，算出方法，適用範囲，産業分布，業務上の災害認定範囲などが異なる
　　ため，単純な比較は困難だが，参考値として対比する。
　　日本：事業者から所管の労働基準監督署へ提出された「労働者死傷病報告」
　　　　　「死亡災害報告」により把握した休業4日以上の死傷者数を集計したもの。
　　韓国：産業災害補償保険法の適用を受ける事業場における労働災害による休業
　　　　　4日以上の死傷者数を集計したもの。
出所：厚生労働省（2020）「平成30年　労働災害発生状況の分析等」及び産業安全保
　　　健公団（2020）「2018年度の労働災害分析」，「京郷新聞」2019年10月3日，
　　　（news.khan.co.kr）。

び契約期間を明示した標準雇用契約書を取り交わし，不当に低い労働条件に
ならないようにしている。しかし，法務部（2013）「2013年在留外国人実態
調査」によれば，16％の外国人労働者が「雇用契約違反があった」と回答し
ている。また外国人労働者を雇用している中小製造業者のうち，労働組合を
有しているのは4％にすぎない。
　第2に，社会保険については，国民健康保険と産業災害補償保険には加入
の義務があるため，それぞれ98％，96％の外国人労働者が加入している。雇
用保険は任意加入であり，国民年金は送出国との相互主義の原則によって適
用される。農畜産業では社会保険の加入率は低い。

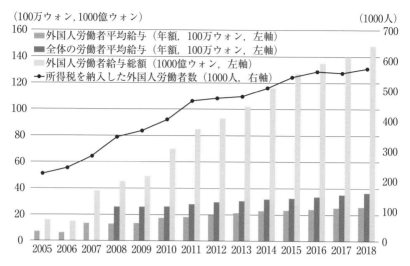

（100万ウォン，1000億ウォン）　　　　　　　　　　　　　　　（1000人）

- 外国人労働者平均給与（年額，100万ウォン，左軸）
- 全体の労働者平均給与（年額，100万ウォン，左軸）
- 外国人労働者給与総額（1000億ウォン，左軸）
- 所得税を納入した外国人労働者数（1000人，右軸）

図19　外国人労働者の給与総額と平均給与の推移
注：年末清算を申告した外国人労働者を対象。給与総額は非課税所得を含まない。
出所：国税庁（2007，2012，2016，2019）『国税統計年報』より筆者作成。

　その他の重要な保険として，使用者は，賃金未払いに備えるために200万ウォンで補償する賃金滞納保証保険と退職金を出国時に受け取れる出国満期保険とに加入しなければならず，外国人労働者は，帰国時の航空運賃を積み立てておく帰国費用保険と事業場外でのケガに対応した傷害保険に加入しなければならない。世界銀行は，これらの保険が帰国のインセンティブとして機能していると高く評価している（The World Bank2017）。

　第3に，賃金水準については，最低賃金すら法的に保障されていなかった産業研修生に比べれば改善した。図19が示すように，2008年から2018年にかけて，年間平均給与（年額）は1,300万ウォン（130万円）から，2,590万ウォン（246万円）へと2倍に増加している。ただし韓国全体の平均賃金と比べると，2008年の50％から2018年には71％に上昇したものの，格差は残っている。

　中小企業中央会（2018）の雇用許可制の労働条件についての調査を見れば，まず月平均労働時間は，韓国人208.9時間に対し，外国人労働者216.6時間と若干長い。次に月平均基本給は，韓国人169.5万ウォンに対し，外国人労働

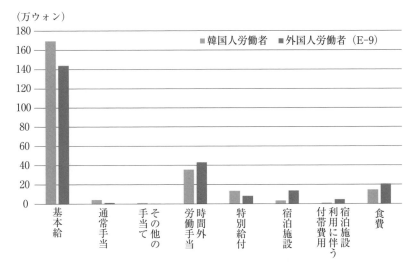

図20　韓国人と外国人労働者の１人当たり１カ月平均の人件費と現物給付
出所：中小企業中央会（2018）「外国人材（E-9）雇用関連宿食費提供実態調査結果報
　　　告書」。

者はその85％に当たる144万ウォンと少ない。時間外手当を含めた金額は，
韓国人223.2万ウォンに対し，外国人労働者はその88％に当たる196.7万ウォ
ンである。しかし，宿泊施設・食費などは外国人労働者の方が多いため，総
額は韓国人241.9万ウォンに対し，外国人労働者235.4万ウォン（97.3％）とほ
とんど差がなくなっている（図20参照）。

　これに対する韓国人労働者の意識調査では，「多すぎる」17.7％，「多い」
41.3％が６割近くを占めている。ちなみに外国人労働者の労働生産性は，韓
国人労働者を100％とした場合，87.5％である（中小企業中央会2018）。

　第４に，賃金不払いに関しては，産業研修生の時代（2001年）には，賃金
不払いを経験した労働者の割合が37％であったのに対し，2013年には３％に
激減した。その後，賃金不払いは増加傾向にあり，2013年9,223人から2017
年には2.3万人に増加し，滞納額も269億ウォンから783.7億ウォンへと2.8倍
に増加している（E daily，2018年10月５日付）。

　第５に，韓国における外国人労働者の労働災害による死傷者数は，2014年

の6,129人から2018年7,375人に増加している。また2018年の外国人労働者1,000人当たり死傷者数は8.3人と韓国全体の5.4人に比べて，1.5倍と高水準であり，外国人労働者の労働環境が危険であることを示唆している。また日本と比較すると，1,000人当たり労働災害による死傷者数（全体）が2.7倍，外国人労働者で4.7倍と高水準であり（図18参照），より一層の安全対策・安全教育が必要である。

　最後に，産業研修生制度に比べれば改善されたとはいえ，現在でも人権侵害や差別が存在し，人権団体，外国人労働者支援団体や国際機関からも厳しい目が向けられている。特に，事業場移動の制限の撤廃を求める声は多い。さらに，農畜産業では勤労基準法の適用を受けないため，外国人労働者は悲惨な状況に置かれやすい。国際人権団体アムネスティは，「搾取と強制労働のための人身売買をまん延させる恥ずべき制度」（Amnesty International 2014）と批判している。

（3）短期ローテーション（定住化防止）の原則からみた日韓比較
　1）短期ローテーション（定住化防止）の原則からみた技能実習制度・特定技能
　2018年に入国管理法改正案を国会で審議する際に，安倍晋三元首相は「いわゆる移民政策をとることは考えていない」，「外国人材を期限つきで受入れる」と語った（「日本経済新聞」2018年10月29日付）。単純技能外国人労働者の受入れに関しては，日本は韓国と同様に，定住化を防止し，短期ローテーションの原則をとっている。その理由は，滞在期間の長期化，不法滞在者の増加，結婚や家族の呼び寄せなどに伴う社会的コストの増加を懸念しているためである。しかし，短期ローテーション・システムは必ずしもうまくいっていない。

　第1に，滞在期間については，企業の要望，訓練・採用コストの節約，在留期間の満了に伴う不法滞在の抑制といった観点から，次第に長期化している。

　1993年には研修・技能実習の期間は最長2年間だったが，1997年には最長3年間に延長された。その後，2017年に，技能実習3号が新設され，最長5

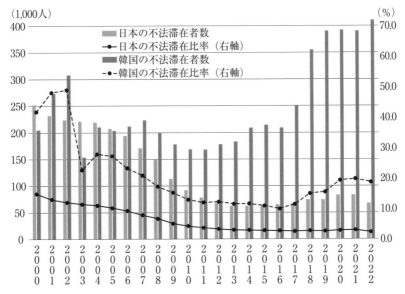

図21　日本と韓国における不法滞在者数と割合の推移

注：不法滞在（残留）比率＝不法滞在者÷在留外国人
出所：日本：法務省（各年）「在留外国人統計（旧登録外国人統計）」，出入国管理庁
　　　（2022）「本邦における不法残留者数について（令和4年1月1日現在）」。
　　　韓国：法務部（各月）「出入国・外国人政策統計月報」より作成。

年間に延長された。2019年からは，特定技能1号が新設されたことにより，技能実習5年間＋特定技能1号5年間で，最長10年間の就労が可能になっている。

　第2に，特定技能2号は更新が可能で期限の定めがなく，家族帯同も可能なため，永住権の取得につながる制度設計になっている。

　第3に，短期ローテーションを維持するためには，不法滞在者（不法残留者）を抑制する必要がある。日本における不法滞在者（残留者）は2000年25.2万人，不法滞在比率も14.9％と高水準であった。これに対し日本は，警察庁・法務省・厚生労働省と連携して，「世界一安全な日本」に向けた不法就労対策を推進してきた。その結果，不法滞在者は2022年1月には6.7万人へと大幅に減少し，不法滞在比率も2.3％に劇的に低下している（図21参照）。

一方，技能実習生の失踪者は，2012年2,005人から2018年9,052人へと大幅に増加し，大きな社会問題となった。出入国在留管理庁（2022b）では，失踪の背景に，①賃金等の不払いなど，実習実施者側の不適正な取扱いや，②入国時に支払った費用の回収等，実習生側の経済的な事情などがあると考え，不適切な監理団体・実習実施者等を制度に関与させないための施策や実習中の技能実習生を失踪させないための施策などを実施している。2021年の失踪者は7,160人であり，技能実習生全体に占める割合は1.8％である。

２）短期ローテーション（定住化防止）の原則からみた雇用許可制

韓国は日本と同様に短期ローテーション・システムを採用しているが，滞在期間の長期化，不法滞在者の増加など，日本以上にうまくいっていない。

第1に，滞在期間については，当初3年であったが次第に長期化している。まず，2005年には，3年プラス3年（1カ月出国後），2009年には，3年プラス1年10カ月で4年10カ月になった。さらに2012年から「誠実勤労者再入国就職制度」が開始され，条件を満たした外国人労働者が，事業主の要請により出国3カ月後に再入国でき，通算で9年8カ月間就労できるようになった。

第2に，2011年から，条件を満たした単純技能労働者を対象に，在留資格を非専門就業（E-9）から，自由に就労可能な「特定活動」（F-7）に変更できるようになった。しかし，変更者数は2013年から2016年の累計で714人，「特定活動」から永住権を取得した人は同期間に240人に過ぎず（三菱 UFJ リサーチ＆コンサルティング 2019），まさに「蜘蛛の糸」である。また2018年からは「外国人熟練技能人材ポイント制」が導入され，5年以上働いて一定の条件を満たした場合に非専門就業（E-9）などから，「熟練技能人材」（E-7-4）に変更できるようになった。これも1年間に400人と非常に「狭き門」だが，家族同伴で永住可能であり，短期ローテーションの原則に対する一定の修正として注目される。

第3に，短期ローテーションを維持するためには，不法滞在者を抑制する必要がある。不法滞在者は，2002年には30.8万人であったが，2004年の雇用許可制の導入に先立ち，合法化措置を採り，18.4万人が合法化された。その

後2022年10月末現在41.1万人へと倍増しており，不法滞在比率も18.7％へと上昇している（図21参照）。これは「ビザ免除」など短期滞在からの失踪が全体の64.9％を占めている。他方，非専門就業でも2022年1月～10月の累計で8,158人が失踪している（出入国・外国人政策2022）。これに対し，政府は外国人労働者の帰国を促す自発的帰還プログラムを整備するとともに，不法滞在者に対する取り締まりを強化しているが，日本と比較すると人数，比率ともに高い水準にあり，あまり効果を発揮していない。

（4）外国人労働者受入れプロセスの透明化の原則からみた日韓比較

1）外国人労働者受入れプロセスの透明化の原則からみた技能実習・特定技能

　まず技能実習制度については，事業主と労働者のマッチングは通常，監理団体と送出機関が行っている。これまで，技能実習生の受入れプロセスには，高額な送出し費用，悪質な送出し機関やブローカーの存在，受入れ企業に対する指導・監督が不十分な監理団体の存在などが指摘されてきた。

　第1に，悪質な送出し機関や監理団体の問題がある。2017年の失踪者に対する聞き取り調査では，ベトナムで100万円，カンボジアとミャンマーでは65万円を送出し機関に支払っている。多くが借金をしているため，返済のために必死に働かざるを得ない構造になっている。新制度では送出し国と二国間協定を締結しているため，公式的な申請書類の記載によれば30万円から40万円前後に抑えられているという評価もあるが（法務省・技能実習制度の運用に関するプロジェクトチーム2019），これまでも技能実習生は非公式的な費用を支払わされていることを考慮すれば，この金額には疑問が残る。

　The United States Department of State（2018）でも，「国の送出し機関の中には，金銭の徴収制限を回避し，金銭の代わりに高額の『手数料』を課すことで，各国政府の認定を受けることができた機関もあった。よって，これらの国からの実習生は，いったん日本に入国するとこれまで通り借金による束縛の危険にさらされることになった」と批判し，「過剰な金銭徴収の阻止を目指した『外国人の技能実習の適正な実施及び技能実習生の保護に関する法律』の規定を政府は十分に執行できていなかった」と批判している。さ

らに監理団体も受入れ企業から技能実習生1人当たり月3万円から5万円の管理費を受け取っており，一種のブローカーになっているケースも少なくない（指宿昭一2019）。

　第2に，依然として受入れ企業に対する指導・監督が不十分な監理団体が存在している。監理団体は商工会議所・商工会，中小企業団体などの非営利の法人であり，主な業務は，①実習実施者に対して3カ月に1回以上の頻度で監査し，適切に技能実習が行われているかを監理，指導すること，②第1号の技能実習生に対する入国後講習の実施，③技能実習計画の作成指導，④技能実習生からの相談対応などである。2021年3月末現在，許可を受けている監理団体数は3,245組合である。外国人技能実習機構が，2017年11月から2019年3月までの間に実地検査を行った監理団体2,484団体のうち，技能実習法違反が認められた団体数は1,417団体で，割合は57％を占めた。違反件数3,806件の主な違反内容は，「帳簿書類の作成・備付け，届出等が不適切」56％，「監理団体の運営体制の不備」29.1％，「実習実施者の監理・指導が不適切」9.8％であり，依然として受入れ企業に対する指導・監督が不十分な監理団体が存在している。

　一方，特定技能の運営主体は，監理団体ではなく，民間受入れ機関と登録支援機関である。またマッチングは，受入れ機関が直接海外で採用活動を行うか，国内外のあっせん機関等を通じて採用する。また「外国人材の受入れ・共生のための総合的対応策」では，悪質な仲介事業者等の排除のための対策を講じている。主なものとしては，①二国間の政府間文書の作成とこれに基づく情報共有の実施，②外務省（在外公館），警察庁，法務省，厚生労働省，外国人技能実習機構等の関係機関の連携強化による悪質な仲介事業者等の排除の徹底と入国審査基準の厳格化，③悪質な仲介事業者等の把握に向けた在留諸申請における記載内容の充実，などである。

　これにより，悪質な仲介事業者等は一定程度排除されると考えられる。ただし，登録機関，登録支援機関ともに従来の仲介業者の延長上であり，悪質な業者が含まれる危険性があること，また関係機関の人員，財源ともに不足していることから，モニタリングの実効性には懸念が残る。

2）外国人労働者受入れプロセスの透明化の原則からみた雇用許可制

　産業研修生制度時代は民間の斡旋業者・ブローカーによって運営されていたため，送出しプロセスは不透明で不正が横行していたが，雇用許可制では，送出国と協力して，政府主導型の一貫した外国人労働者の受入れプロセスを構築しており，プロセスの透明化と不正の減少に貢献している。

　第 1 に，少し古い資料だが法務部（2013）「2013年在留外国人実態調査」によれば，外国人労働者は，送出しプロセスに対して「非常に公正」35.6％，「若干公正」30.7％と 7 割弱が肯定的に評価している。2010年調査の評価の平均は 5 点満点で3.65であるのに対し，2013年調査は3.91と上昇している。

　第 2 に，送出し費用（韓国に働きに行く前に自分で支払う費用）の各国の平均値は，2001年の3,500ドルから2011年には927ドルに激減している。国際比較でも，シンガポールで働くには 1 万ドル，オーストラリア，アメリカ，ヨーロッパは 1 万5,000ドルから 2 万ドルかかるのに対し，韓国はその 1 割程度である。初期費用が少ないため，多くのお金を稼ぐことができるので人気が高い。平均送出し費用が275万ウォン（25万円）で，フィリピンが149万ウォン（13万円）と最も低く，ベトナムが466万ウォン（42万円）と最も高い（法務部2013）。

　第 3 に，これらの政府主導型の一貫した外国人労働者の受入れプロセスは，ILO，国連など国際的にも高い評価を受けている。近年でも，World Bank（2017）やOECD（2019）から，「優れた情報アクセス」であり，仲介の過度の手数料と労働搾取の防止，不法滞在の減少などの成果があったと評価されている。

4　外国人労働者に対する日韓の国民の意識と外国人犯罪

　本節では，まず外国人労働者に対する日韓両国民の意識を確認したうえで，受入れに対する大きな懸念の一つである外国人犯罪の状況についてみておこう。

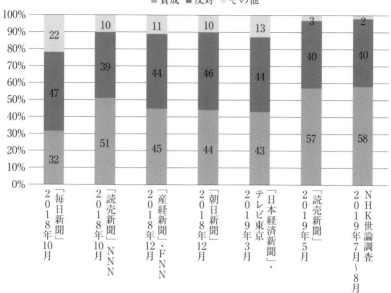

図22　外国人労働者受入れ拡大についての世論調査

出所：新聞各紙より筆者作成。

（1）外国人労働者受入れについての世論調査からみた日韓比較

1）日本における外国人労働者に対する意識

　2018年に入管法改正の国会審議が注目されたことにより，新聞，テレビなどで外国人労働者の受入れ拡大の是非を問う世論調査が盛んに実施された。2018年までは賛成，反対がほぼ拮抗していたが，2019年4月に施行された後は，賛成が6割近くを占めている（図22参照）。

　次に，日本経済新聞社とテレビ東京による2019年3月22〜24日の世論調査では，「外国人労働者が増加することの経済への影響」については，「良い影響がある」が44％と「悪い影響がある」の30％を上回った。勤め人は53％が「良い」だったが，専業主婦では「良い」が33％と差がみられる。「外国人労働者が増えることへの不安」については，「不安を感じる」が62％と「不安を感じない」の31％を大きく上回り，「経済に良い影響がある」と答えた層

でも「不安を感じる」は52%に上っている[8]。

　続いて，2019年7〜8月に実施したNHKの世論調査では，外国人増加の影響について（複数回答）は，「人手不足の解消につながる」が62%と最も多く，次は，「犯罪が増える」54%，「新しい考えや文化がもたらされる」40%，「日本文化が損なわれる」21%，「日本人の仕事が奪われる」20%の順となっており，メリット・デメリットの双方が回答されている。特に「犯罪が増える」は，70歳以上の男性で65%が回答している[9]。

　最後に，内閣府による2019年11月7日〜11月17日の世論調査では，「外国人が日本で安心して生活できる環境整備」について，「十分に整っている」4.8%，「ある程度整っている」46.4%合わせて51.2%になったが，「整っていない」も38.1%を占めている。また「重点的に充実させる必要がある内容」（複数回答）として，「多言語での相談窓口の整備」72%，「外国人の生活に役立つ情報の複数の外国語による提供」（64.1%）などが上位に来ている[10]

2）韓国における外国人労働者に対する意識

　まず，2013年の外国人に関する世論調査では，まず経済分野では，「韓国経済に寄与」が63%と高いのに対し，「外国人が韓国人の仕事を奪う」は27%と低く，おおむね肯定的に評価している。次に，社会分野では，「社会発展に寄与」が53%と過半数を占めているが，「犯罪率の上昇」（53%）など社会不安が増大するとみている[11]。

　次に，2018年の世論調査によれば，「外国人の流入で韓国人の雇用が脅か

（8）　2019年3月22〜24日，全国の18歳以上の男女に携帯電話も含めて乱数番号（RDD方式）による電話で実施。回答数970件（回答率は45.9%）。「日本経済新聞」2019年3月25日。
（9）　2019年7月〜8月，全国の16歳以上の2,091人を対象に調査票を配布し記入してもらう方法で実施。回答数1,268人（回答率は60.6%）。NHKウェブサイトwww3.nhk.or.jp）。
（10）　内閣府政府広報室（2019）「外国人の受入れに伴う環境整備に関する世論調査の概要」。
（11）　キムジユン・他（2014）「閉じられた大韓民国　韓国人の多文化認識と政策」『issue BRIEF』（04）。

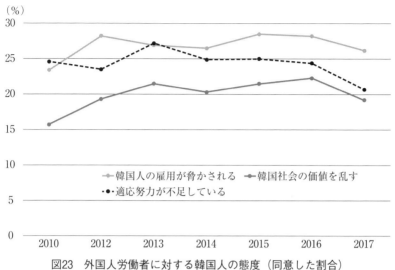

図23　外国人労働者に対する韓国人の態度（同意した割合）
出所：キムジユン，カンチュング［2018］「閉じた大韓民国　Ⅱ」『The ASAN
　　　Institute for Policy Studies』Nov.16, 娥山政策研究院。

されている」に同意した割合は，2010年の23.4％から2017年には26.2％に若
干上昇している。「韓国社会の価値を乱す」に同意した割合も，同期間に
15.7％から19.2％に上昇しており（図23参照），外国人の増加に伴い，韓国国
民の不安感が増しているように見える。しかし，キムジユン，カンチュング
（2018）によれば，いずれも２割程度にとどまっており，むしろ韓国におけ
る多文化共生社会が成熟してきていることを表していると評価している。
　他方，大都市の低価格住居地（ソウル市九老区，永登浦区など）では，低所
得の外国人労働者や不法滞在者が集まり，スラム化が進んでいるため，夜間
は危険で歩けないという評判が立ってしまった地域もある。なかでも，外国
人労働者が住民の１割を占める安山市での調査では，「危険で住むことがで
きない都市だとイメージを持たれている(12)」と住民たちは嘆いていた。

---

(12)　実際には，2011年の外国人犯罪を全国平均と比較してみると，10万人当たりでは安
　　　山市は全国平均よりも少ない。

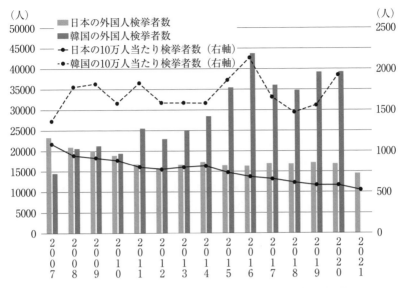

図24　日本と韓国における外国人犯罪（検挙者数）の推移

注：日本は外国人（来日外国人，その他外国人）による刑法犯および特別法犯（交
　　通法令違反を除く）。韓国は在留外国人，交通法令違反を含むので単純な比較
　　は困難であり，参考値にとどめる。

出所：日本：法務省法務総合研究所（各年）『犯罪白書』，韓国：警察庁（各年）「警
　　　察犯罪統計」（犯罪情報管理システム）より作成。

（2）外国人犯罪の日韓比較

1）日本における外国人犯罪

　先述の世論調査でも見たように，外国人の増加に伴い，外国人犯罪が増加
するのではないかという懸念は強い。しかし，日本における外国人犯罪数
（検挙者数）は，2007年の2.3万人から，減少傾向にあり，2021年では1.5万人
である。外国人10万人当たりでは，2007年の1,085人から2021年の525人へと
半減している（図24参照）。

　また来日外国人の罪状別検挙件数（2021年）を見ると，刑法犯では，窃盗
（59.6％），傷害・暴行（11.6％）の割合が大きく，特別法犯では，入管法違反
（67.2％），薬物関係法令違反（13.1％）の割合が大きい。来日外国人による犯
罪を国籍別にみると，窃盗は，ベトナムが937人と最も多く，次いで，中国

56

603人，傷害・暴行は，中国が299人，ベトナム198人の順である[13]。

２）韓国における外国人犯罪

　韓国の外国人犯罪検挙者数は，2007年の1.5万人から，2016年4.4万人に急増した。その後，若干減少し，2020年には3.9万人である。外国人10万人当たりでも，2007年の1,362人から2016年には2,136人に増加し，その後横ばいで，2020年には1,927人である。国籍別では，中国（48.4%），タイ（8.5%），米国（4.2%）の順である。マスコミなどで連続殺人などが取り上げられることが多いため外国人犯罪＝中国人犯罪とみなされやすい。そのため中国人に対する，警戒感，差別意識が高まっている。

　警察庁が2021年にキム・ドウプ国会行政安全委員会委員に提出した「過去５年間の外国人犯罪の状況」によれば，2016年から2020年10月までの間の，外国人犯罪は19.3万件で，凶悪犯罪が4.6万件と最も多く，次いで，交通犯罪が4.4万件，知能犯罪が2.7万件，窃盗犯罪が1.6万件であった。地域別では，京畿道が6.8万件と最も多く，次いで，ソウル5.3万件，仁川1.1万件とほぼ，外国人の居住分布と同様の数値である[14]。

　一方，2018年の不法滞在者による犯罪は，3,627人で全体の11.2%を占めている[15]。不法滞在者10万人当たりでは1,033人であり，相対的に少ない。不法滞在者＝犯罪者予備軍というのは偏見の可能性がある。不法滞在者は，外部との接触を避け，問題を起こさないようにする傾向があり，むしろ脅迫などの被害者になるケースが多いという[16]。

　交通法令違反を含むなど対象とする犯罪が異なっているため，日韓両国における外国人犯罪を単純に比較することはできないが，全体的なトレンドや10万人当たりの検挙者数を見ると，日本の方が良好な状態にあるといえる。

---

(13)　法務省法務総合研究所（2022）『犯罪白書　令和３年版』。
(14)　「大韓ニュース」(http://www.dhns.co.kr) 2021年９月９日付。
(15)　「ソウル経済新聞」2019年３月31日。
(16)　チェヨンシン，カンソクジン（2012）『外国人密集地域の犯罪と治安実態研究』韓国刑事政策研究院。

おわりに
―持続可能な外国人労働者受入れのために―

　以上，単純技能労働者を中心に外国人労働者受入れ政策の日韓比較をして
きたが，両国ともに問題点を抱えている。筆者は，佐野孝治（2010）などで，
技能実習制度を廃止し，「韓国モデル」の雇用許可制を参考に，新制度を立
ち上げるべきと主張してきた。しかし，雇用許可制も，賃金格差，不法滞在，
労働災害，外国人犯罪などの点で，日本以上に問題を抱えている。他方，日
本の技能実習制度も改善策がとられてきたとはいえ，法令違反や悪質な仲介
業者の存在，不適切な監理団体の存在，失踪者の増加など，課題が残ってい
る。新制度の特定技能 1 号，2 号は，正面から単純技能労働者を受入れると
いう点で大きな前進だと評価できるが，受入れ人数も少なく，受入れ態勢が
整っているとは言えない。そこで最後に，日韓比較を踏まえて，日本の今後
の外国人労働者政策に対していくつかの提言を行いたい。[17]

　第 1 に，政府主導型の一貫した受入れ制度の構築である。日本では依然と
して悪質な仲介業者や高額な出入国費用が問題となっており，失踪の一因と
なっている。出入国在留管理庁が2022年 7 月に発表した調査によれば，技能
実習生が来日前に支払った平均費用は54.2万円で，借金をしている実習生は
55％に上り，平均額54.7万円だった。これに対し，韓国では，送出国との間
で二国間協定を締結し，労働雇用労働部が主管して，韓国語教育から，マッ
チング，帰国までの全プロセスを運営している。韓国でも悪質な仲介業者や
出入国費用を完全に排除できていないとはいえ，プロセスの透明化と不正の
減少，さらに労働者の求職コスト，事業主の求人・管理コストの削減にもつ
ながっている。そのため，国際労働機関（ILO），国連，世界銀行から優れた
システムとして評価されている。日本でも国際協力機構がベトナム政府と連

---

(17)　佐野孝治「経済教室」『日本経済新聞』（2022年11月 2 日付）の提言に加筆したもの
　　である。

携し，日本の求人情報サイトを開設する試みが検討されているが，長期的には，透明性が高く，低コストの入国から帰国までのシームレスな「グローバル・ハローワーク」を構築すべきである。

第2に，技能実習制度を段階的に縮小・廃止し，特定技能に一本化すべきである。技能実習制度は，2017年の技能実習法の施行以降，改善がなされており，全否定するつもりはないが，古川前法相の会見の通り，①目的と実態の乖離，②ミスマッチ，③日本語能力の不足，④高額な借金，⑤原則，転籍ができず，不当な扱いを受けても相談・交渉できない，⑥管理・支援体制の十分さなど問題点が多い。また毎年7割の事業場で労働基準関連法令違反が起きており，人権侵害や虐待はSNS等で世界に拡散している。米国国務省『人身取引年次報告書』でも，2007年から15年間にわたって，「人身取引」と批判の対象となっている。高額な手数料や借金を背負い転職の自由もない状態では「強制労働」と批判されても反論できない。「ビジネスと人権」が問われる時代に，ILO等の国際規範に対応し，選ばれる国になるためにも，転職の自由がある特定技能に一本化すべきである。ちなみに韓国も2004年に雇用許可制を導入して3年後に研修就業制度を廃止している。

第3に，実効性のある監督体制と支援システムの構築である。2019年以降，「外国人材の受入れ・共生のための総合的対応策」および「外国人との共生社会の実現に向けたロードマップ」が策定され，外国人在留支援センターなどが整備された。ただし技能実習計画認定件数17.1万件，約4.8万の事業場に対し，監理団体は3,615団体，外国人技能実習機構の事務所は全国で13カ所に過ぎない。調査も3年に1回であり，監視の実効性に懸念が残る。韓国では，2004年以降，9カ所の外国人勤労者支援拠点センター，31カ所の地域センターが設置され，社会統合プログラムも着実に進み，NPOの支援活動も活発に行われている。今後，罰則規定の強化と専門的スタッフの増員による実効的な監視体制を構築するとともに，日本語教育，生活支援，社会保障などについて，国，地方自治体，NPOなどによる財政的・人的裏付けのある支援システムを構築すべきである。

最後に，多文化共生を基本に置いた持続可能な移民統合政策への転換が必

要である。韓国が移民庁の検討など移民活性化政策を進めているのに対し，日本では，移民に対する根強い抵抗感があり，本格的な検討には至っていない。2020年12月に発表された移民統合政策指数（MIPEX2020）でも，労働市場，家族呼び寄せ，教育，政治参加，永住，国籍取得，反差別，保健の 8 分野を総合した評価は52カ国中，韓国の19位（56点）に対して，日本は35位（47点）と下位に位置している。今後，日本が長期的な生産年齢人口の減少と外国人労働者争奪戦時代の中で，経済成長を持続させ，外国人と共生できる社会を実現するために，外国人労働者政策だけでなく，移民統合政策の本格的な検討が求められる。

［日本語参考文献］

指宿昭一（2019）「外国人労働者受入れ制度の現状と課題」『人権のひろば』9 月。

外国人材の受入れ・共生に関する関係閣僚会議（2020）「外国人材の受入れ・共生のための総合的対応策（令和 2 年度改訂）」12月。

加藤真（2021）「現地調査からみる韓国・雇用許可制の実態」『政策研究レポート』5 月。

厚生労働省（2021）「技能実習生の実習実施者に対する監督指導，送検等の状況」。

佐野孝治（2010）「外国人労働者政策における『日本モデル』から『韓国モデル』への転換―韓国における雇用許可制の評価を中心に」『地域創造』2（1）。

佐野孝治（2017）「韓国の『雇用許可制』にみる日本へのインプリケーション」『日本政策金融公庫論集』第36号。

佐野孝治（2018）「韓国の外国人労働者受入れ政策―日本への示唆点―」高橋信弘編著『グローバル化の光と影』晃洋書房。

佐野孝治（2020）「外国人労働者政策の日韓比較―単純技能労働者を中心に―」『韓国経済研究』Vol.17。

佐野孝治（2021）「コロナウイルス禍における韓国の雇用許可制の現状と課題」『日本の科学者』vol.56。

宣元錫（2013）「雇用許可制への転換と韓国の非熟練外国人労働者政策」『国際問題』（626）。

宣元錫（2021）「『特定技能』制度は雇用許可制になりうるのか」『韓国経済研究』VoL.18。

ソルドンフン（2016）「韓国の外国人労働者」有田伸也編著『国際移動と移民政策』東信堂。

竹内英二（2017）「中小企業における外国人労働者の役割」『日本政策金融公庫論集』第35号。

東京商工リサーチ（2018）「外国人雇用に関するアンケート」調査，特別企画。
日本政策金融公庫総合研究所（2016）「中小企業における外国人労働者の役割〜『外国人材の活用に関するアンケート』から〜」。
春木育美（2011）「韓国の外国人労働者政策の展開とその背景」『人文・社会科学論集』280。
法務省・技能実習制度の運用に関するプロジェクトチーム（2019）「調査・検討結果報告書」。
出入国在留管理庁（2020）「外国人技能実習制度について」。
出入国在留管理庁（2021b）「登録支援機関登録簿」。
出入国在留管理庁（2021c）「令和3年6月末の特定技能制度運用状況について」。
出入国在留管理庁（2022a）「令和4年6月末現在における在留外国人数について」。
出入国在留管理庁（2022b）「失踪技能実習生を減少させるための施策」。
出入国管理庁（2022c）「本邦における不法残留者数について（令和4年1月1日現在）」
三菱UFJリサーチ＆コンサルティング（2019）「外国人労働者の受入れによる労働市場への影響に関する調査研究事業報告書」。

［韓国語参考文献］
イキュヨン（2017）「外国人力の労働市場影響と政策課題」（『低出産・高齢化時代の外国人力政策方向シンポジウム』1月24日，報告資料）。
カンドングァン（2016）「国内移民者の経済活動と寄与効果」IOM移民政策研究院。
ソルドンフン，イキュヨン，キムユンテ，パクソンジュ（2015）「雇用負担金制度の導入と運営方案研究」。
チョヨンギ，カドグァン（2015）「移民拡大の必要性と経済効果」韓国経済研究院。
チョンスファン（2016）「低熟練外国人移民流入が女性の労働供給に及ぼす影響」韓国労働研究院。
雇用労働部（2019）「2019年下半期職種別事業体労働力調査」。
法務部（2013）『2013年在留外国人実態調査』。
韓国移民財団（2016）『移民政策論』パクチョンサ。
韓国雇用労使関係学会（2016）「低出産—高齢化時代の労働市場戦略研究」雇用労働部。
出入国・外国人政策本部（2022）「出入国・外国人政策統計月報10月号」。
統計庁（2021）「移民者滞在実態および雇用調査結果」12月。
Amnesty International (2014) Bitter harvest: Exploitation and forced labour of migrant agricultural workers in South Korea.
OECD (2019) Recruiting Immigrant Workers: Korea.
The World Bank (2017) East Asia Pacific Economic: Sustaining Resilience, April.

The United States Department of State (2018) Trafficking in Persons Report 2018.

　本章は，佐野孝治（2022）「日韓の外国人労働者受入れの経過と現状」（深川博史・水野敦子編著『日韓における外国人労働者の受入れ』九州大学出版会）に，佐野孝治（2020）「外国人労働者政策の日韓比較」『韓国経済研究』，Vol.17の第 4 節を加え，加筆・修正したものである。

第**2**章

中規模受入れ県から見る外国人労働者雇用の現状と課題
―外国人労働者と創る地域社会の未来―

坂本　恵

はじめに

　外国人労働者が170万人を超え，日本経済の根幹を担うに至っている今，海外労働者受入れの課題把握，態勢整備が急がれる。外国人労働者の就労環境改善は，受入れ事業所の支援と表裏一体の課題でもある。本章では，中規模受入れ自治体として奈良県と福島県を取り上げる。少子高齢化の中，外国人労働者獲得競争が本格化する中で，どう選ばれる国，自治体になるのか。日本と派遣国がともに豊かになる道を探りたい。

　コロナウイルス禍による影響は，1980年代以降本格化した，新自由主義による雇用と労働の在り方を根本的に問い直している。もっとも端的に影響を受けたのは，国際労働力移動であり，国境を越えて安価な労働力を得ることで，賃金の支払いを押さえ，それによって世界的な価格競争に打ち勝とうとする世界モデルの在り方が，問い直されている。

　コロナウイルス禍による入国制限によって外国人技能実習生，日本語学校生らが入国できなかった状況は，外国人労働者がすでに30年以上にわたり日本の生産やサービスという経済の根幹においてそれを支え，全労働者数に占める外国人労働者数の割合の上昇が示すように人々が当たり前の生活を謳歌するうえで，不可欠な土台となっていることを明らかにした。少子高齢化，労働力人口の急速な萎縮が避けられない日本において，海外出身の人々の労働は一層その重みを増すことになるだろう。外国人労働者とともに生み出す

地域社会の在り方を見据えた現状の把握，課題の抽出が急がれる。

1　海外出身労働者はどれほど日本経済を支えているのか

　外国人労働者，日系人による労働が日本経済においてどれほど重要な比率を担うに至っているかを考えるうえで障害となるのは，外国人労働者の雇用の在り方が見えづらくされていること，つまり「見えない存在」とされている点にある。さらに日本経済の再生が叫ばれる中で，その中に占める外国人労働者の役割は看過されがちであり，また把握が困難な課題でもある。しかし，その現状を把握することから初めて，求められる支援策・対応策が導かれることになる。

　この点をまず，在留外国人労働者数が日本国内の雇用労働者数に占める割合の現状を見ることから明らかにする。在住外国人労働者数は，例年対前年比10％を超える増加を記録し，2020年度には172万4,000人となった[1]。一方，総務省統計局によると2021年2月時点の日本の雇用者数は，正規，非正規をあわせて5,983万人である[2]。

　単純に計算すると，国内の雇用者数に占める在住外国人労働者比率はすでに約3％に達しており，雇用者の35人に1人は在住外国人となっている。外国人労働者数（技能実習生，永住者・日本人の配偶者・永住者の配偶者等・定住者をさす身分に基づく在留資格，資格外労働など）は2010年以降この10年で2.7倍に増加した。

　外国人労働者の中でも，外国人技能実習生の増加は顕著であり，「毎日新聞」2010年5月19日付にみるように，2010年から2019年の10年間に4倍となっている。

　外国人労働者が日本経済に占める役割を考えるもう一つの指標は，日本の

（1）　厚生労働省「外国人雇用状況の概況」（2021年1月29日）
　　　　https://www.mhlw.go.jp/content/12401000/000755657。
（2）　総務省統計局「労働力調査（基本集計）」（2021年3月30日）
　　　　https://www.stat.go.jp/data/roudou/rireki/tsuki/pdf/202102。

労働力人口の減少の問題である。日本の雇用者は2010年に5,500万人であり，非正規雇用が拡大し，高齢労働者が増えたにもかかわらず，この10年で1％の増加にとどまっている。さらに特徴的なのは，戦後一貫して増え続けてきた雇用者数が，2019年から2020年にかけて初めて減少に転じたことである。

　総務省の「労働力調査年報（2016年）」を用いたみずほ総合研究所資料によると，日本の労働力人口は2030年までに8％減少し，2065年には3,946万人となり約4割減少するといい，外国人労働者の日本経済への貢献度が一層高まることは明らかである。2010年以降，外国人労働者が2.7倍化していることを考えて，もし同じ比率で増加すると想定した場合，10年後には467万人，20年後には1,260万人となる。

2　日本は選ばれる国になりえるのか

　外国人労働者を在留資格別に見ると，永住者や特別永住者（第二次大戦終結に伴い日本国籍を喪失した在留朝鮮・韓国人）とその配偶者である「身分に基づく在留資格」を別とすると，もっとも多いのは「技能実習」の44万7,921人（25.9％），留学生，日本語学校生などの「資格外活動」（留学生に週28時間を上限として許可されている）37万346人（21.5％），「専門的・技術的分野の在留資格」35万9,520人（20.8％）と続く。

　日本の場合，技能実習生という3年から5年という「短期ローテーション」と呼ばれる複数年単位での受入れ比率が高いことが顕著な特徴であり，中長期的で総合的な外国人受入れ策，支援策が求められている。

3　中規模受入れ県にみる特徴

　以上の全国的状況を踏まえたうえで，具体的に中規模の外国人労働者受入

（3）　みずほ総合研究所「少子高齢化で労働力人口は4割減」（2017年5月31日）
　　　https://www.mizuho-ir.co.jp/publication/mhri/research/pdf/insight/pl170531。

れを行っている事例をまず奈良県を例に分析をしたい。

　奈良県では全国的な人口減少動向を先取りする形で県人口の減少が生じており，2020年に132万人であった人口が，2045年までの25年間に約37万人減少し，99万8,000人となると予想されている。人口減少率は25％に及ぶ。

　さらに15歳から64歳の生産年齢人口に焦点を絞ると，2015年から2045年までの30年間で生産年齢人口は全国で約214万人減少するとされるが，奈良県では同期間に約32万減少し，特にもっとも人口の多い奈良市では同じ30年間に約6割まで減少するとされ，減少率が極めて高い。

　他方，奈良県における外国人労働者数は2020年10月現在6,011人であり，そのうち技能実習生が43.8％，専門職・技術分野の在留資格21.3％，身分に基づく在留資格が20.7％，資格外活動11.3％となっている。奈良県では，2014年の外国人労働者数は2,681人（受入れ事業所614）であり，わずか6年間で外国人労働者数は2.2倍となり，受入れ事業所数も1.7倍となった。

　外国人労働者の中でもっとも多い技能実習生数で近畿の他県と比較すると奈良県の受入れの特徴が明らかになる。自治体の人口差はあるものの，近畿では大阪府では1万6,618人，兵庫県では1万2,952人，隣県の三重県でも1万1,648人の技能実習生を受入れている。奈良県と人口規模がほぼ同じの滋賀県でも6,006人を受入れており，急速に拡大しているとはいえ，奈良県の受入れ数は依然，少ない。在住外国人労働者の実数でも奈良県は全国41位であり，2020年の県人口に占める外国人労働者比率は0.45％にとどまる。次節で取り上げる福島県が受入れ外国人労働者の実数で全国30位，県人口比で0.38％にとどまることから両県を「中規模受入れ県」と呼ぶゆえんである。このような中規模受入れ県を研究対象とすることの利点は，県や市町村などの自治体が外国人労働者の実態を把握しやすく，有効な支援策の策定に結びつく可能性がある点である。

4 外国人労働者受入れ事業所をどう支援するのか
―福島県「外国人材雇用に関する調査」をもとに―

　外国人労働者問題の解決には，外国人労働者自身の権利擁護とともに，受入れ事業所を支援するという両面での施策が自治体には求められる。ここでは，もう一つの中規模受入れ県である福島県が2019年10月に公開した「外国人材雇用に関する調査報告書[(4)]」をもとに，受入れ事業所がどのような支援策を求めているのかを検討する。

　福島県雇用労政課が行ったこの調査は，「県内外国人材雇用について総括的に把握し，今後の労働施策検討の基礎資料とすることを目的」とし，2,635事業所への郵送によるアンケート調査による大規模で先進的な調査である。なお，対象事業所の内訳は，外国人労働者を受入れている事業所1,492，外国人労働者を受入れていない事業所1,143であり調査自体は2019年5月に実施された。うち回収は，1,360件で回収率は51％であった。

　基礎的な回答として，「これまでに外国人を雇用したことがありますか」の問いに対して，「現在雇用している」47.1％，「現在は雇用していないが雇用したことがある」7.3％，「雇用したことがない」45.7％であり，現在雇用しているないし雇用したことがあるは合計54.4％にのぼった。

　主な回答を見ていくと「外国人労働者を雇用したきっかけ」を尋ねたところ，全体の70.5％の事業所が「人手不足への対応」を挙げた（表1）。各業種での若手就労の促進，日本人が就労したいと思えるような賃金体系，労働関係の構築なしにはこの傾向に変化は起こらないと想定される。同時に，「会社の活性化」，「海外進出・展開」，「外国人に対する接客サービス」など新規事業や国際化に積極的に対応する理由もあり，このような形での雇用促進策の検討も求められる。

（4）　福島県雇用労政課「外国人材雇用に関する調査報告書」2019年10月
　　　https://www.pref.fukushima.lg.jp/uploaded/attachment/355586。

表1　福島県アンケート調査結果

問1　外国人材を雇用したきっかけ（複数回答）	
人手不足への対応	70.50%
専門的知識・技術を有する人材の確保	18.50%
国際貢献（技術・技能移転）	17.40%
会社の活性化（自社従業員への好影響）	17.40%
海外進出・展開の検討	10.60%
人件費コストの削減	4.20%
外国人に対する接客サービス対応	3.80%
その他	13.30%

表2　福島県アンケート調査結果

問3　課題はあるか。困っていることはあるか	
コミュニケーションがとりづらい	34.80%
思ったよりコストがかかる	29.10%
入管・実習手続き認定に時間がかかる	25.40%
研修や教育に手間がかかる	21.80%
生活習慣のギャップ	18%
技能実習評価試験合格指導が大変	11.80%
仕事を十分に身につけてもらえない	5.90%
地域住民から理解を得るのが大変	4.20%

　さらに，外国人労働者を受入れるにあたり事業所がどのような準備を行ったのかを尋ねた回答では，上位に「住居の確保」，「生活必需品の購入」，「行政手続き支援」，「生活ガイダンス」があげられるが，これらは最低限必要な準備である。他方で，「日本語学校の紹介，日本語習得の支援」は13.5％にとどまっており，日本語習得準備すら十分に行われていないことが明らかとなった。各自治体には各所に日本語教室があるが，それらの活動が必ずしも事業所に認知されているのかどうか。日本語習得意欲を活かし，外国人労働者の日本語学習機会へのアクセスの向上を図ることが事業所にも，各自治体にも求められている。

　さらに外国人労働者を受入れている事業所に「困っていることがあるか。課題はあるか」と尋ねたところ，「課題がある，困っていることがある」と答えた事業所は78％にのぼった（表2）。

　最上位にコミュニケーション，日本語習得の問題があげられており，これ

は日本語習得支援が十分なされていないことから生じる問題であるといえる。

　他方，外国人労働者の仕事への意欲については，「満足」，「やや満足」が合わせて79.1％にのぼり，「やや不満」，「不満」の合計は6.1％にとどまった。また，外国人労働者の協調性についても，「満足」，「やや満足」は合わせて68.2％にのぼり，「やや不満」，「不満」は9.1％であった。

　外国人労働者は仕事への意欲を持ち，言語や習慣の壁があったとしても職場に協調的に加わり仕事をしている姿勢が事業所側の高評価につながっている。

　2018年12月の「出入国管理及び難民認定法」改定により，2019年4月から新たに「特定技能外国人労働者」の受入れが14業種で開始されている。しかし，現場では技能実習生を受入れるのか，特定技能外国人労働者を受入れるのか，混乱が生じている。このような外国人労働者雇用事業所へのアンケート調査による事業所の実態掌握，課題の把握は，福島県にとどまらず多くの都道府県で速やかに実施される必要がある。

5　外国人労働者獲得競争激化の中で日本は
選ばれる国であり続けられるのか

　すでに述べたように日本で働く外国人労働者は2010年以降この10年で2.7倍に増加した。しかし，このような増加傾向が今後も続くとは限らない。その原因の一つが，東アジア，東南アジア各国が「人口ボーナス期」を終えて，高齢化社会に入っていくために，若年労働者が海外にまで出て働くことが極めて困難になる時期が遠からず訪れることが想定されるからである。

　人口ボーナス期とは，その国の総人口に占める生産年齢人口（15歳から64歳）の割合が上昇し，労働力増加率が人口増加率よりも高くなり，人口に対して労働力が豊富な状態となることで経済成長が促進されることを指す。東アジア，東南アジアにおいて大規模な国際労働力移動を可能にしてきたのは，送出し国がこのような人口ボーナス期にあり，国内での就労機会が少なく，同時に多額の外貨を得られる国への「出稼ぎ労働」がすすんだことによる。

　2021年9月現在，日本で就労する外国人労働者の二人に一人は中国人（25％）とベトナム人（25％）である。このうち中国の労働者は，2010年には日本の外国人労働者の44％を占めていた。2019年4月から開始された「特定技能外国人労働者」でみると，2020年8月現在で中国人の特定技能労働者の入国は全体のわずか9.4％にすぎない。コロナウイルス禍の影響を考えたとしても，ベトナム人の入国が同時期に全体の60.9％を占めていることから，中国からの派遣数の減少は際立っている。

　この原因として挙げられるのは，一つには中国国内での賃金上昇であり，中国都市部の建設労働で月収が10万円を超えるケースもあり，そのような場合わざわざ1万ドルもの「保証金」を支払い，日本に来るという選択肢は減少していると考えられる。また，中国では1979年から2014年まで「一人っ子政策」がとられ，2016年からは1組の夫婦につき子供2人までとされる「二人っ子政策」が行われている。このことにより，中国では2015年をピークに生産年齢人口の減少が始まり，2050年までに約2割減少すると見込まれている。中国では65歳以上人口も増え続けている。少子高齢化の影響は，生産年齢人口の減少にとどまらず，若年層に高齢となった両親や祖父母の介護や養育の荷重の増加を生じさせている。姉妹兄弟がいない，ないし他に1人しかいない中で海外に一定期間就労のために渡航するという選択が困難になってきている。

　この傾向は同じく日本の海外労働者の25％を占めるベトナムにとっても同じである。ベトナムの平均年齢は，2018年時点で31歳とされ，若い人々であふれる国という印象が強い。しかし，ベトナムもまた1988年以降いわゆる「二人っ子政策」をとっており，合計特殊出生率も1970年代には6以上であったものが急速に減少し，2018年には2.05となった。他方で，1989年の男女平均の平均寿命が65.2歳であったものが，2019年には男性71歳，女性76.3歳となった。特に都市部での晩婚化が進み，人口ボーナス期も2016年に終了したとされ，2050年前後には60歳以上が20％を超える高齢化社会に入るとされる。施設介護や介護保険制度が整備されている日本と比べ，中国やベトナムではこれらの社会福祉制度の整備がなされておらず，さらにベトナムでは，

高齢者の介護は家族でという考え方が強いため，生産年齢人口世代が海外に移住労働に出る機会が今後，中国同様に強い制約を受けることが想定される。

　経済産業省の試算によると，団塊世代が85歳を超える2035年には介護人材不足が79万人に膨らむという。しかし少子高齢化が先進資本主義国の動向である中で，製造業，各種サービス，医療，介護分野での就労者不足は共通の国際的課題であり，東南アジア，南アジアの外国人労働者獲得競争はすでに起こっている。そのような中で韓国は2014年から「雇用許可制度」を導入し，ブローカーの介在をなくし，多額のいわゆる「保証金」の徴収も禁止し，全国30カ所近くに外国人労働者の支援センターを設置し手厚い受入れを行っている。センターでは，就労外国人に対する多言語支援，法律相談，韓国語研修はもとより，テコンドーなどのスポーツ教室も提供され，雇用者とのトラブルに備えた公的なシェルター機能も併設をしている。また，「移民大国」と呼ばれるカナダは，年間20〜25万人の移民（永住権取得者）を受入れており，永住権が取得しやすいことを理由に東南アジアの労働者にとって移住労働先として人気が高い。

　日本の外国人技能実習制度は，国がほとんど関与せず，民間の「事業協同組合」が受入れの中心となっており，またブローカーの介在が排除できない構造のために，ベトナムにせよ中国にせよ多くの実習生が日本渡航時に1万ドルを超える「保証金」の支払いを求められることが野放しとなっている。また，韓国のような多言語支援や労使間のトラブルの法的解決がほとんどない状態にある。また，トラブルゆえに一時避難で求められる公的シェルターは日本ではほぼ皆無である。2019年に開始された特定技能外国人労働者制度もなんら経験や実績が問われない登録制の「登録支援機関」が仲介・派遣にあたるというずさんさである。永住権取得も事実上ほぼ不可能である。このような日本が移住労働先としてもはや選択されない傾向がすでに生じはじめている。

6　選ばれる国，自治体となるうえで何が求められるのか

　日本が移住労働先として選択されるうえで克服すべき最大の課題は，国際的にも人権問題でたびたび指弾されてきた外国人技能実習制度を日本政府が根本的に改めることであり，民間への依存ではなく，韓国雇用許可制に倣い，国が派遣国での選考，受入れから運用，帰国まですべてに責任を持つ制度に改めるべきである。技能実習制度の「受入れ監理団体（許可制）」，特定技能労働者制度の「登録支援機関（登録のみ）」のような民間受入れ組織では，労働法令の遵守，外国人労働者の人権擁護，いずれの点でも何ら十分な対応ができていないことはすでに明らかである。

　このような民間主導の受入れでは，各県，受入れ自治体からは受入れ実態が把握できず，外国人労働者は「見えない存在」となりがちである。つまり，どの事業所にどれだけの技能実習生，特定技能労働者が存在するか受入れ自治体では把握が困難となっている。国が受入れにすべて責任を持つ制度になれば，受入れ自治体には正確な情報が届き，自治体は支援策，対応施策の立案が可能となる。さらに，自治体にとっては特定技能労働者は，初めての「労働者」受入れであり，それはこれまで技能実習生や留学生などの就労に何ら関与してこなかった各県の県庁の商工労働部，雇用労政課が初めて関与することになることを意味している。これら担当部署には外国人労働者受入れのスキルも知識も経験もない。これらの担当部署職員への専門家のレクチャーや，福島県が行った「外国人材雇用に関する調査」などを実施することは必須の課題であり，国として自治体に対し支援を行うことが求められる。

　さらに，国内各自治体に求められるのは，外国人労働者の各種在留資格に沿った形での受入れ支援策の構築である。

　一例をあげると，奈良県は現在，「奈良県介護従事者確保のための外国人留学生修学支援資金貸与制度」を実施している。2017年9月の改正入管法施行により，留学生として入国し介護福祉士養成施設を卒業後，介護福祉士資格を取得した外国人は，在留資格「介護」により，国内で就労することが可

能となった。奈良県の制度は，介護福祉士の業務に従事しようとする外国人留学生を修学資金の貸与により支援する法人に対し，その支援に要する資金の一部を県が貸与するものである。この制度の創設により，介護職をめざす留学生は受入れ法人から就学資金をより得やすくなる。貸与された資金は一定期間介護職として就労することで返済を免除されるため，事実上の給付奨学金となる。このような形での，外国人労働者への資金的支援がさらに多くの自治体に拡充される必要がある。

　コロナウイルス禍は，従来の産業社会の雇用の在り方，外国人労働者を安価に雇い，使い捨てる在り方を根本的に問い直している。アジア各国での少子高齢化の中でも，外国人労働者が日本を訪れたいと思えるような総合的な支援策，自治体施策が早急に求められている。

［参考文献］
厚生労働省（2021）「外国人雇用状況の概況」。
総務省統計局（2021）「労働力調査（基本集計）」。
みずほ総合研究所（2017）「少子高齢化で労働力人口は4割減」。
福島県雇用労政課（2019）「外国人材雇用に関する調査報告書」。
奈良県福祉医療部（2022）「奈良県介護従事者確保のための外国人留学生修学支援資金貸与制度」。

　本章は，坂本恵（2021）「中規模受入れ県から見る外国人労働者雇用の現状と課題」『日本の科学者』Vol.56を基に，加筆・修正したものである。

第3章

台湾における移住労働者の受入れの現状と課題

村上　雄一

はじめに

　筆者が台湾における移住労働者導入事例を参考に，主に外国人研修・技能実習生（以後，研修生・実習生と略記）を中心とする外国籍住民との共生関係構築に関する報告を2010年10月に発表してから，すでに10年以上が経過している。この間，日本における移住労働者を取り巻く環境は，筆者の予想を超える速さで大きく変化してきている。

　まず，筆者の初期調査期間中であった2009年3月，それまで外国人労働者の支援を続けてきた有識者や民間支援団体から多くの批判を受けてきた外国人研修・技能実習制度は，「出入国管理及び難民認定法改正案」が閣議決定されたことで改善の一歩を踏み出した。同年4月，同法案は衆議院法務委員会にて審議入りし，自由民主党・民主党（当時）などの与野党多数の賛成に

（1）　本章では「台湾」を「中華民国」の同義語として表記する。

（2）　2022年10月現在，台湾の公式資料では排外的なイメージを喚起する「外勞」（外国人労働者）ではなく，包摂的なイメージを喚起する「移工」（移住労働者）と表記していること，および，日本語でも「外国人労働者」は「日本人労働者」と二項対立的に用いられることが多いことから，本章では「移住労働者」を用いる。なお本章の「移住労働者」には「外國專業人員」（外国人専門職・技術職）を含めていない。

（3）　詳しくは，村上雄一「3．外国籍住民との豊かな共生関係構築に向けて〜台湾における外国人労働者導入事例を参考に」福島県男女共生センター『「外国人研修・技能実習制度」にかかわる男女平等の労働環境構築のための『アクションプラン』策定と派遣国の実態把握に関する国際比較・調査研究』2010年，75-86頁を参照。

より，同年6月18日に衆院本会議，同年7月8日に参院本会議で可決されて
成立，一年後の2010年7月1日から技能実習制度関連の改正が施行された。
その主な改正点は以下のとおりである。

①在留資格「技能実習」の創設（従来1年目は「研修」，2，3年目は「特定
　活動」だったが，それが1年目は「技能実習1号」，2，3年目は「技能実習
　2号」に）。期間は，講習及びその後の活動を合わせて最長3年間
②保証金・違約金等による不当な金品徴収等の禁止
③研修生は入国後2カ月間，講習を受講（母国で1カ月の講習により，入国
　後の講習を1カ月まで短縮可能）し，日本語や生活習慣，法令等に関する
　知識など習得。講習修了後は，企業との雇用契約に基づく（最低賃金等
　の労働法令が適用された）技能修得活動に従事可能。入国後2年目以降
　は1年目に修得した技能を要する業務に従事可能
④管理団体による指導・監督・支援体制の強化，運営の透明化
⑤管理団体が重大な不正行為を行った場合の受入れ停止期間を従来の最長
　3年から最長5年に延長，欠格要件の新設[4]

　このように，改正前の「研修・実習」制度で何度も繰り返されてきた，移
住労働者への人権侵害に対する保護や罰則が一定程度強化されたことは評価
できる。しかし，発展途上国の技術水準を向上させる「国際貢献」の目的は
そのまま残されたことから，研修・実習生を日本人と同じ待遇をすべき「労
働者」と見なさない事業場は今でも多く，全国の労働基準監督機関において，
2021年に監督指導を実施した9,036事業場（実習実施者）のうち，その72.6%
に当たる6,556件で何らかの労働基準関係法令違反が認められている。また，
技能実習生に係る重大又は悪質な労働基準関係法令違反25件が送検されてい

（4）　法務省（2022）「新しい研修・技能実習制度について」
　　　（http://www.moj.go.jp/content/000023246.pdf）。

る。

　このように，技能実習生の労働条件等については依然として問題が認められる。そのため全国の労働局や労働基準監督署は，監理団体および実習実施者に対し，労働基準関係法令などの周知・啓発に努めるとともに，労働基準関係法令違反の疑いがある実習実施者に対しては監督指導を実施し，引き続き技能実習生の適正な労働条件と安全衛生の確保に重点的に取り組んでいくこと，並びに，度重なる指導にもかかわらず法令違反を是正しないなど重大・悪質な事案に対しては，送検を行うなど厳正に対応していくとしている[6]。

　外国人研修・技能実習制度がようやく改善への一歩を踏み出した矢先の2011年3月に東日本大震災が発生し，研修・技能実習生を含む多くの外国籍の人々も被災者となった。宮城県女川町のある水産加工会社では，同社で働いていた中国からの技能実習生20名を安全な高台に避難させた会社専務が，その後，津波の被害によって命を落とすという痛ましい出来事も起きた。一方，同町の水産加工会社で働いていた中国人実習生162人全員が各社の迅速な避難誘導で津波を免れ，命を救われたという事実は，日本人・外国人の垣根を越えた共生関係を見ることができた事例でもあった[7]。

　東北の太平洋沿岸の水産加工場の多くが津波の被害に遭い操業を停止したり，東京電力福島第一原子力発電所が爆発，大量の放射性物質が放出されたりしたこともあり，外国人実習生の数は2008年末の約16万4,000人から，

（5）　2021年における主な違反内容は，次のとおりである。
　　　　①安全基準　　　　2,204件（違反率24.4%）
　　　　②割増賃金不払　　1,443件（同16.0%）
　　　　③労働時間　　　　1,345件（同14.9%）
　　　　④年次有給休暇　　1,140件（同12.6%）
　　　　⑤賃金の支払　　　907件（同10.0%）
　　　　⑥就業規則　　　　773件（同8.6%）
　　　厚生労働省労働基準局監督課（2022）「外国人技能実習生の実習実施者に対する監督指導，送検等の状況（令和3年）」（https://www.mhlw.go.jp/stf/newpage_27067.html，および，https://www.mhlw.go.jp/content/11202000/000969254.pdf）。
（6）　同上。
（7）　詳しくは，藤村三郎（2014）『なぜ一六二人全員が助かったか』社会評論社を参照。

（人数）

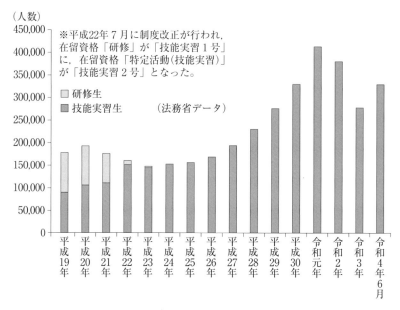

図1　研修生・技能実習生の在留状況

出所：厚生労働省（2022）「技能実習制度の現状」。

2011年末には約13万5,000人にまで減少した。しかし，その後は急増し，2019年には過去最大の約41万1,000人にまで増えた。翌2020年には新型コロナウイルスの世界的感染拡大によって技能実習生の数は減少に転じたが，それでも2022年6月末には約32万8,000人となっており，2011年と比べると2倍以上にその数を増やしている[8]（図1）。

　震災からの復興や放射性物質の除染，そして，原子力発電所爆発後の収束作業の中，日本政府と東京都が2020年のオリンピック誘致に成功したため，建設業を中心にさらなる労働力不足が懸念された。そのような労働力不足を解消しようと，日本政府は技能実習制度の活用と制度の拡大を目指し，2016年には「外国人の技能実習の適正な実施及び技能実習生の保護に関する法

（8）　厚生労働省「技能実習制度の現状」
　　　（https://www.moj.go.jp/isa/content/930005177.pdf）。

律」を制定，これまで最長3年間だった在留期間を5年に延長可能としたり，同制度では受入れを認めてこなかった介護分野での外国人実習生を導入⁽⁹⁾したりするなど，矢継ぎ早に改革を進めてきた。その結果，「国際貢献」という技能実習制度の本来の目的（建前）から労働力不足に対応するための単なる「移住労働者の導入」という現実（本音）が，ますます表面に現れてくるようになった。

　さらに2018年12月には在留資格「特定技能1号」と「特定技能2号」の創設，および，出入国在留管理庁の設置等を内容とする「出入国管理及び難民認定法及び法務省設置法の一部を改正する法律」が成立した。この法改正の趣旨について，2019年4月から新たに発足した出入国在留管理庁は，以下のように説明している。

　　深刻化する人手不足への対応として，生産性の向上や国内人材の確保のための取組を行ってもなお人材を確保することが困難な状況にある産業上の分野に限り，一定の専門性・技能を有し即戦力となる外国人を受入れるために，在留資格「特定技能1号」及び「特定技能2号」を創設⁽¹⁰⁾

　この新しい在留資格は，これまで頑なに「人手不足のための外国人労働者の導入」という本音を公に語ることを拒んできた日本政府にとって，大きな方針転換である。その意味において，未だに建前を唱えている外国人技能実習制度よりも移住労働者の人権を守りやすくなったことを筆者は否定しないが，同実習制度の延長線上にこの「特定技能」が位置づけられているのも事実であることから，今後も人権侵害が起こらないように注視し続ける必要がある。

　このような日本における移住労働者に関する急激な環境変化にうまく対応していくためにも，海外での先進事例が参考として今後もますます重要にな

（9）　「介護に外国人実習生」『朝日新聞』2015年1月24日。
（10）　出入国在留管理庁（2022）「外国人材の受入れ及び共生社会実現に向けた取組」（https://www.moj.go.jp/isa/content/001335263.pdf），6頁。

ってくる。そこで本章では，これまで筆者がアジアの中の先進事例として取り上げてきた台湾について，2009年時からの調査と比較しながら，2022年現在における台湾の移住労働者に関する概要について述べていきたいと思う。

1 台湾における移住労働者受入れ

本節では，台湾における移住労働者の現状を概観する。

（1）台湾における移住労働者導入経緯とその推移

台湾において移住労働者受入れを政府が公式に認めたのは，今から30年以上前の1989年10月からであった。それは経済発展が著しかった当時の台湾において，1991年7月から始まる国家建設6カ年計画の遂行が，労働力不足によって深刻な影響を受けるのではないかという危機感からであった。[11] 1991年，政府の建設プロジェクトに約1,000人のタイ人労働者が初めて公式のルートで受入れられたのを皮切りに，[12] その後，製造業や家事労働，そして看護・介護分野への移住労働者の導入が進み，2009年末には約35万1,000人の移住労働者が台湾で就労しており，2019年末には過去最高の約71万8,000人が就労している。その後，新型コロナウイルスの世界的感染拡大によって一時減少したものの，2022年9月末現在では約71万2,000人となり，2009年末と比べると約36万1,000人増で約2倍にまで総数が増えている[13]（図2）。

すでに述べたように，日本における技能実習生の数は2008年末の約16万4,000人から，東日本大震災の影響で2011年末には約13万5,000人にまで減少

(11)　明石純一（2010）「第5章　台湾における外国人労働者政策の変遷と課題」『外国人労働者問題をめぐる資料集Ⅰ』（笹川平和財団「人口変動の新潮流への対処」研究），185頁。
(12)　佐野哲（2004）「台湾の外国人労働者の受入れ政策と労働市場」Discussion Paper, No.229，9頁。
(13)　中華民国労働部（2022）「表12-1　産業及社福移工人数―按開放項目分」『統計表―外籍工作者』（https://statdb.mol.gov.tw/html/mon/212010.htm），214-215頁。

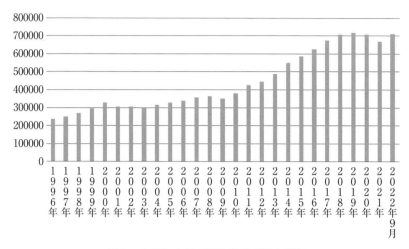

図２　台湾における移住労働者数の推移

出所：中華民国勞動部（2022）「表12- 1　産業及社福移工人數―按開放項目分」より
　　　作成。

したが，その後は急増し，2019年には過去最大の約41万1,000人にまで増え
たのは台湾と同じような流れであった。翌2020年には新型コロナウイルスの
世界的感染拡大によって技能実習生の数も減少に転じたが，それでも2022年
６月末には約32万8,000人となっており，2011年と比べると２倍以上にその
数を増やしているのも，台湾と相似である。しかし，台湾の総人口が約
2,300万人ということを考慮すると，台湾における移住労働者の依存度は日
本以上に高いことがわかる。

（２）台湾における産業別移住労働者の割合

　前節と同じ時期，台湾における移住労働者が従事している職種の内訳は，
ほぼ製造業・建設業と看護・介護分野で占められている。2009年末当時，

---

(14)　居宅で高齢者を世話する場合，日本では「看護」ではなく「介護」をイメージする
　　が，台湾では痰の吸引等，日本では医師や看護師，そして，資格を持つ介護士等にし
　　か認められていないような行為も移住労働者が行っていることが多いことから，この
　　報告書では看護・介護と併記する。

80

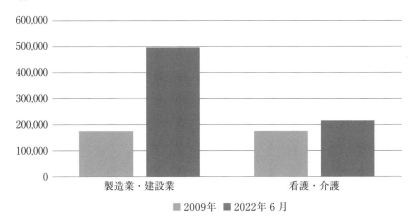

■2009年 ■2022年6月

図 3　台湾における産業別移住労働者数の割合とその推移

出所：中華民国労動部（2022）「表12-2　産業及社福移工人數―按産業分」より作成。

前者が16万6,000人（在台湾移住労働者全体の47.2％），後者が17万5,000人（同
49.9％）であったが，最新の統計によると，2022年9月末現在，前者が約49
万7,000人（同69.8％），後者が約21万5,000人（同30.2％）となり，製造業にお
ける移住労働者の比重がより大きくなっていることがわかる（図3）。[15]

（3）台湾における国籍別移住労働者の割合

国籍別では，2009年末にはインドネシア人が約13万9,000人（同39.6％）で，
次にベトナム人が約7万8,000人（同22.2％），フィリピン人が約7万2,000人
（同20.5％），タイ人が約6万1,000人（同17.4％）と続いていたが，2022年9月
末にはインドネシア人約24万2,000人（同33.9％），ベトナム人が約25万2,000
人（同35.3％），フィリピン人が約15万2,000人（同9.3％），タイ人が約6万
6,000人（同9.2％）となっており，この間にインドネシア，ベトナム，そして，
フィリピンからの移住労働者数が急増したことがわかる（図4）。

その大きな要因は，居宅や施設での看護・介護をするインドネシア人女性
労働者が引き続き多く来台する一方，インドネシア，ベトナム，そしてフィ

(15)　中華民国勞動部，前掲統計，219-221頁。

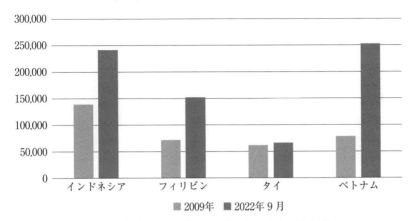

図 4　台湾における国籍別移住労働者と割合比較

出所：中華民国労働部（2022）「表12-3　産業及社福移工人數—按國籍分」より作成。

リピン⁽¹⁶⁾から半導体産業を中心に製造業における労働者の需要が増加したことがあげられる。

　また，移住労働者の性別では2009年末には女性が約22万2,000人（同63.2%），男性が約12万9,000人（同36.8%）であったが，直近の2022年9月末には前者が約35万7,000人（同50.1%），後者が約35万5,000人（同49.9%）で，女性の割合が低下し，ほぼ同じとなっている。これはこの間に移住労働者が増加した製造業では男性労働者が多い（男性約35万5,000人に対し，女性約14万1,000人）ことが主な要因であると思われる⁽¹⁷⁾（図5）。

（4）台湾における移住労働者の滞在期間

　台湾人労働者の就業機会と労働条件を優先して守るために，移住労働者を

---

(16)　2013年5月9日に発生したフィリピン沿岸警備隊による台湾漁船への銃撃事件を受け，フィリピンからの労働者は同年5月15日に就労申請凍結などの制裁措置を台湾から発動され，それが同年8月まで続いたこと，そして，その後も台湾国内ではフィリピンに対する世論の反感が続いたことで，その数は一時抑えられていた。詳しくは「比労働者凍結で人手不足，企業が悲鳴［労働］」『NNA.ASIA』2013年7月31日（http://news.nna.jp/free/news/20130731twd017A.html）を参照。

(17)　中華民国労働部，前掲統計。

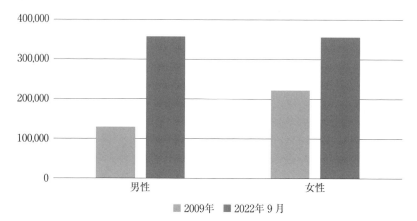

図5　台湾における性別移住労働者数の比較

出所：中華民国勞動部（2022）「表12-6　産業及社福移工人數—按國籍及性別分」より作成。

雇用する際には様々な規制や条件がある。ここではすべてを紹介しきれないが，その主なものは，政府が認定する分野において，総人数と給与総額に上限を設けることによって総量規制すること，および，滞在期間を限定することである。[18] 導入当初は，通常2年，延長や再延長を含めて最長で6年までだった。[19] 2008年当時には通常の滞在期間が3年に延びており，その結果，最大9年まで滞在が可能であったが，2022年現在では再々延長が可能になっており，移住労働者は最長で12年間台湾で働けることになった。なお，外国人居宅看護・介護については，中央主管機関所定の技能検定を受講することを条件に最大14年まで延長できるようになった。[20]

（5）台湾における地域別移住労働者の割合

台湾における移住労働者の割合は首都圏にあたる台北市（5％），新北市

---

(18)　詳しくは，佐野，前掲論文，21-26頁を参照。

(19)　同上。

(20)　宮本義信（2021）「台湾における長期介護サービス法施行以降の外国人介護労働者の動向」『同志社女子大学生活科学』Vol.55，20頁。

（13％），そして，桃園市（17％）の３市で全体の３割強が集中している。首都である台北市が占める割合は５％に過ぎない。桃園市の移住労働者の割合が高いのは，同市には環境保全産業を推進する工業団地があること[21]，また国際空港の存在や台北市に隣接していることから利便性が高いことなどが要因であろう。

　次に台湾中部地域では台中市（15％）と彰化縣（９％）が占める割合が目立つ。特に台中市は輸出加工型経済促進のための「輸出加工区」およびハイテク産業推進のために設けられた「科学工業園区」（サイエンスパーク）があり，中部産業クラスターの中心地になっている[22]ことで，それが隣接する彰化縣にも影響を与えており，そのため多くの移住労働者が集まってきていると思われる。

　台湾南部にあたる地域では，台南市（９％）と高雄市（９％）の割合が目立つ。高雄市は輸出加工型経済促進のための「輸出加工区」に1966年から指定されていること，および，台中市同様，台南市にもサイエンスパークが設立されており[23]，ここにも多くの移住労働者が集まってくることなどが，割合の高さに繋がっていると思われる（図６）。

（6）台湾における移住労働者犯罪件数および失踪者数の推移

　移住労働者の増加に反対する人々の多くが治安の悪化をその理由に上げることが多い。台湾でも確かに移住労働者による犯罪件数は伸びており，2013年には約1,200件だったものが，2021年には約3,600件と，３倍にまで増えている。この間，移住労働者の総数は約49万人から約72万人へと約1.5倍だったことと比べると，移住労働者犯罪件数の伸び率は同人口伸び率よりも高いことがわかる。

　次に具体的な犯罪名であるが，大きく「竊盜」（窃盗罪），「公共危険」（公

（21）　野村総合研究所（台湾）「台湾進出Ｑ＆Ａ【6　工業区】」『ジャパンデスク』
　　　　（http://www.japandesk.com.tw/qa/q6_1.html）。
（22）　同上。
（23）　同上。

84

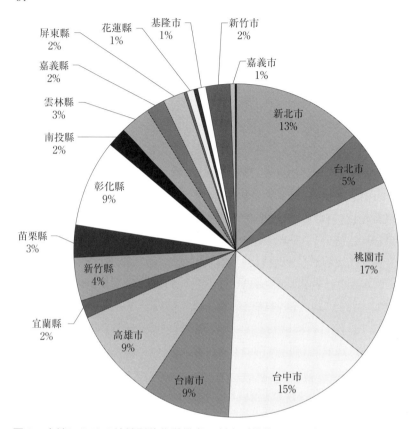

図6　台湾における地域別移住労働者の割合（総数712,169人，2022年9月末
　　　現在）
出所：中華民国勞動部（2022）「表14-18　産業及社福移工人數—按地區及國籍分」よ
　　　り作成。

共危険罪⁽²⁴⁾），「毒品」（薬物犯罪），そして，「詐欺」（詐欺罪）が挙げられている。
2013年にはそれぞれ，416件，186件，115件，101件だったが，2021年には，

---

(24)　不特定または多数人の生命・身体・重要な財産の安全を脅かす罪。日本では，騒乱
　　　の罪（刑法第2編8章），放火及び失火の罪（同9章），出水及び水利に関する罪（同
　　　10章），往来を妨害する罪（同11章）などが公共危険罪にあたるとされる。

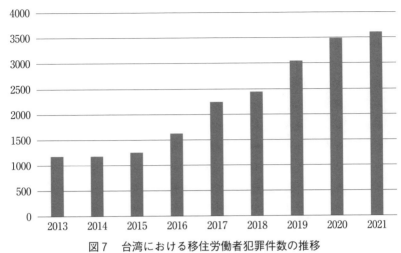

図 7　台湾における移住労働者犯罪件数の推移
出所：中華民国勞動部（2022）「表12- 8　産業及社福移工犯罪概況」より作成。

371件，1,159件，726件，そして358件となり，窃盗罪が減少した一方で，他の犯罪は増加し，特に公共危険罪と薬物犯罪はそれぞれ 6 倍以上も増加した計算になる（図 7 ）。

　次に台湾における移住労働者の失踪者数とその比率について見ていこう。図 8 の通り，増減はあるものの，1999年から2015年までは，基本的には右肩上がりに失踪者数が増えてきているのが見て取れる。しかし，その移住労働者全体に占める比率は2013年の4.19％をピークに，2019年までは下がる傾向が見られる。その後，再び比率が増える傾向が見られる。これは新型コロナウイルスの世界的な感染拡大に伴い新しい移住労働者が台湾に入国できず，その結果，台湾国内でも人手不足が加速したために，より良い賃金や労働条件を求めて失踪する移住労働者が増えたことが一つの要因であると考えられる。なお，2022年 9 月末現在，失踪者総数は約 7 万6,000人[25]を数えている（図 8 ）。

―――――――――――――
(25)　中華民国勞動部（2022）「表12- 7　産業及社福移工行蹤不明失聯概況」226頁。

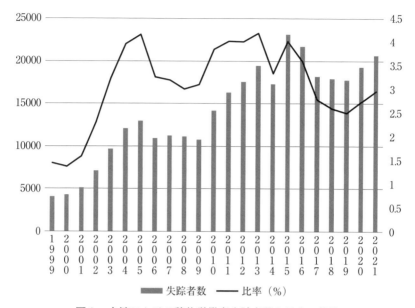

<table>
</table>

図8　台湾における移住労働者失踪者数と比率の推移

出所：中華民国勞動部（2022）「表12-7　産業及社福移工行蹤不明失聯概況」より作
　　成。

2　台北市における移住労働者

　ここでは，本書の主な事例紹介対象地で筆者の調査地の一つである台湾の
首都，台北市における移住労働者の概要について見ていく。

　筆者が2008年11月に行った調査当時，台北市における移住労働者総数は3
万7,163人であった。2022年6月末現在，台北市における移住労働者総数は
3万8,659人で，2008年11月調査時と比べるとほぼ横這いであった。2008年
末における全台湾の移住労働者数は36万5,060人，2022年6月末における同
労働者数は68万7,178人で，この間の増加率（88.2％）と比べると台北市にお

---

(26)　中華民国勞動部（2022）「臺北市産業及社福移工人數―按産業分」
　　　（https://statfy.mol.gov.tw/map02.aspx?cid=1&xFunc=18）。

ける増加がほとんどないのは一見奇妙なように思える。それは上述したように，台湾では製造業に従事する移住労働者がこの間増加してきた一方，台北市内には工場が少なく，移住労働者の多くが居宅看護・介護に従事していることが，台湾全体の増加率に比べ，台北市の増加率がほとんど見られなかった主な要因であると思われる。

　2008年11月末の台北市における主な出身国の内訳を見ると，インドネシアから２万1,648人（在台北市の移住労働者総数の58％），フィリピンから7,697人（同21％），ベトナムから5,262人（同14％），タイから2,555人（同７％），およびモンゴルから１人であった。2022年６月末現在の台北市の移住労働者出身国の内訳を見ると，インドネシアから２万8,398人（在台北市の移住労働者総数の約73.5％），フィリピンから6,126人（同15.8％），ベトナムから3,335（同8.6％），タイから799人（同2.1％），その他１人であった[27]。2008年調査時と比べると，インドネシアからの労働者が6,750人増（約31％増）であったのに対し，残り３カ国からの労働者は軒並み減少しているが，その理由については，フィリピンについては一時受け入れが抑制されていたためであり[28]，ベトナムについては居宅看護・介護労働者の失踪が相次いだため，現在では老人養護施設のみで就労許可が出ているためである。タイからは建設作業員が多く，台北市の大規模公共事業が一段落したため，自然減になってきている（図９）。

　2008年11月末の台北市における移住労働者の就労分野の主な内訳は，居宅看護・介護に３万2,782人，家事労働に958人，施設看護・介護が856人，製造業および建設業が2,567人であり，居宅看護・介護が全体の約89％を占めていたのが大きな特徴であった。

　それに対し，2022年６月末現在の台北市における移住労働者の就労分野の主な内訳は，居宅看護・介護に３万5,201人，家事労働に490人，施設看護・介護が892人，製造業・建設業が1,989人（前者979人，後者1,010人），居宅看

(27)　中華民国勞動部（2022）「臺北市產業及社福移工人數―按國籍分」
　　　（https://statfy.mol.gov.tw/map02.aspx?cid=1&xFunc=18）
(28)　注(26)参照。

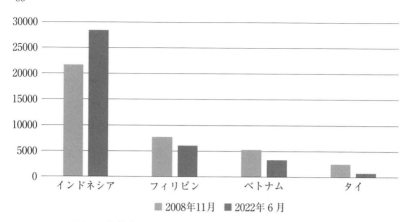

図9　台北市における国籍別移住労働者数とその推移

出所：中華民国勞動部（2022）「臺北市產業及社福移工人數―按國籍分」より作成。

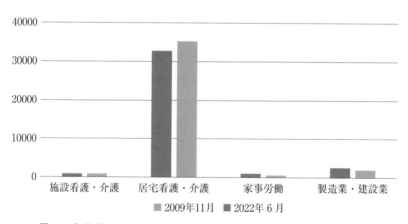

図10　台北市における移住労働者の主な就労産業先の数とその推移

出所：中華民国勞動部（2022）「台北市產業及社福移工人數―按產業分」より作成。

護・介護が全体の約91％を占め，2008年11月末の前回調査時よりも2,419人（7.4％）増加したのに対し，他の就労分野はほぼ横ばいか減少している（図10）。

3 　新台北市における移住労働者

　2014年11月の筆者の調査では，台湾における移住労働者の実態をよりよく理解するため，台北市に隣接する新北市（英語表記では New Taipei City，すなわち「新台北市」）市政府勞工局に赴き，聞き取り調査を行ってきた。

　新北市は台湾北部に位置し，もともと台北市の衛星都市群であり，2019年10月現在，人口は約401万5,000人を数え，台北市の約265万人（2019年10月現在）を上回り，人口において台湾最大の行政区である。旧称を「台北県」といい，2010年12月25日，旧県域がそのまま行政院直轄市(29)に昇格する形で市制に移行し，「新北市」と改称された。元々，首都で行政院直轄市の台北市と省轄市の基隆市が台北県からは独立していたため，この市制移行により，新北市の市域がそれら２市をぐるりと取り囲むような格好となっている。市政府は板橋区にあり，2014年当時の筆者の調査でも同区の市政府庁舎を訪問した。

　筆者が調査した2014年９月現在，新北市には総計で７万5,623人の移住労働者が登録されており，出身国の内訳はインドネシアから３万5,280人（同市の移住労働者総数の46.7％），ベトナムから２万2,070人（同29.2％），フィリピンから9,784人（同12.9％），そしてタイから8,487人（同11.2％）であった。

　2022年９月末現在の統計によると，新北市には総計で９万1,550人の移住労働者が登録されており，出身国の内訳はインドネシアから３万6,268人（同市の移住労働者総数の39.6％），ベトナムから３万5,029人（同39.6％），フィリピンから１万2,544人（同13.7％），そしてタイから7,708人（同8.4％），その他１名であった（図11）。

　2022年９月末現在の新北市における移住労働者の就労分野の主な内訳は，居宅・施設看護・介護に３万5,457人，家事労働に188人，製造業が５万1,868

---

(29)　行政院とは，台湾における国家の最高行政機関，すなわち，日本の内閣に相当する。行政院長は首相に相当し，中華民国総統が直接任命する。

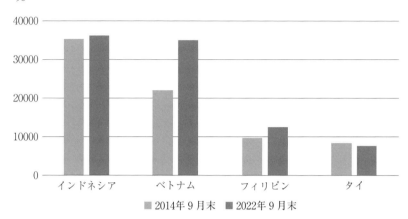

図11　新北市における国籍別移住労働者数の推移

出所：中華民国労働部（2022）「新北市産業及社福移工人數―按國籍分」より作成。

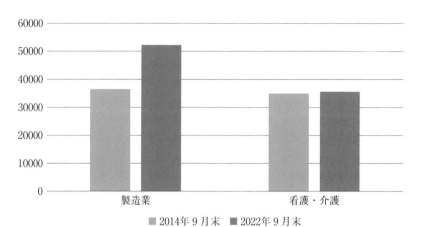

図12　新北市の製造業および看護・介護における移住労働者数の推移

出所：中華民国労働部（2022）「新北市産業及社福移工人數―按産業分」より作成。

人および建設業が1,733人で，台北市同様，インドネシア人移住労働者が多数を占めているが，就労先で最も多いのが製造業という点は，台北市とは大きく異なっている。これは，台北市の都市化が進むにつれ製造業が空洞化していったのに対し，台北市の近郊にあたる新北市にはまだ多くの工場が残っ

ているためである（図12）。

おわりに

　本章では台湾における移住労働者（外国人専門職・技術職を除く）について，1991年の導入経緯から2022年9月現在に至るまでの概要を，主に統計資料に基づきながら，そして，筆者がこれまで主な調査対象地としてきた台北市と新北市を含めながら紹介してきた。その過程で見えてきた主な特徴をまとめると，以下の8つのようになろう。

①1991年に約1,000人のタイ人移住労働者を台湾に受入れて以降，新型コロナウイルスの世界的感染拡大前の2019年末には過去最高の約71万8,000人までに増大し，特に製造業と居宅看護・介護の維持にとって必要不可欠な存在になっている。

②移住労働者の在留許可は当初最長で6年だったものが現在では最長12年（居宅看護・介護は，最長14年）まで延長された。

③出身国籍別ではインドネシア，ベトナム，フィリピン，そして，タイの順で多く，東南アジアからの移住労働者で占められている。

④移住労働者の性別では，以前は居宅看護・介護の需要から女性の割合が大きかったが，現在は製造業で働く男性が増え，その結果，男女比はほぼ同率になっている。

⑤台湾における移住労働者の割合は台湾北部の首都圏に全体の3割強が集中しているが，台湾中部や南部においても輸出加工区やサイエンスパーク設置地域を中心に移住労働者が集中する傾向にある。

⑥移住労働者による犯罪件数および失踪者数は移住労働者数の増加率を超えて，増加傾向にある。

⑦台北市と新北市の比較では，前者は主に看護・介護分野に移住労働者が集中しているのに対し，後者は看護・介護分野よりも製造業に従事する移住労働者が多い。

⑧台北市と新北市の違いは出身国籍別統計にも現れており，前者が圧倒的にインドネシアからの移住労働者（主に女性）が多いのに比べ，新北市ではインドネシアとベトナム出身者の割合が拮抗している。

　第7章では，本章の基本的な統計資料を踏まえながら，台湾における移住労働者の人権擁護と社会的包摂（インクルージョン）の特徴について見ていくこととする。

［参考文献］
明石純一（2010）「第5章　台湾における外国人労働者政策の変遷と課題」『外国人労働者問題をめぐる資料集Ｉ』笹川平和財団。
厚生労働省(2022)「技能実習制度の現状」。
厚生労働省労働基準局監督課（2022）「外国人技能実習生の実習実施者に対する監督指導，送検等の状況（令和3年)」。
佐野哲（2004）「台湾の外国人労働者の受入れ政策と労働市場」Discussion Paper, No.229。
出入国在留管理庁（2022）「外国人材の受入れ及び共生社会実現に向けた取組」。
中華民国勞動部（2022）「統計表—外籍工作者」。
鄭安君（2021）『台湾の外国人介護労働者：雇用主・仲介業者・労働者による選択とその課題』明石書店。
藤村三郎（2014）『なぜ一六二人全員が助かったか』社会評論社。
法務省（2022）「新しい研修・技能実習制度について」。
宮本義信（2021）「台湾における長期介護サービス法施行以降の外国人介護労働者の動向」『同志社女子大学生活科学』Vol. 55。
村上雄一（2010）「3．外国籍住民との豊かな共生関係構築に向けて〜台湾における外国人労働者導入事例を参考に」『「外国人研修・技能 実習制度」にかかわる男女平等の労働環境構築のための「アクションプラン」策定と派遣国の実態把握に関する国際比較・調査研究』福島県男女共生センター。
労働政策研究・研修機構編（2018）「第6章 台湾」『諸外国における外国人材受入制度：非高度人材の位置づけ：イギリス，ドイツ，フランス，アメリカ，韓国，台湾，シンガポール』労働政策研究・研修機構。

　本章は村上雄一（2015）「台湾における外国人労働者の権利擁護」『外国人研修・技能実習生の人権擁護のための日越国際共同アクション・プラン策定研究』を基に加筆・修正したものである。

第 2 部

外国人労働者への支援システム
―多文化共生社会の実現に向けて―

第4章

日本政府の入管法改定，外国人労働者受入れ緩和策と外国人労働者支援システムの現状

坂本　恵

はじめに

　本章では，はじめに日本政府の外国人労働者受入れ施策の基本姿勢を明らかにするために，第190回国会，第197回国会の衆議院法務委員会での「出入国管理及び難民認定法」（以下「入管法」）改定にあたり参考人として筆者が行った意見陳述を紹介する。それにつづき，現在各地で取り組まれている外国人労働者支援の取り組みを紹介する。このことで，人権擁護，支援システム構築の点で日本政府の取り組みがいかに不十分であるかを明らかにし，支援システム構築に向けた今後の課題を明らかにする。

1　国会討論での指摘

（1）第197回国会　2018年11月22日衆議院法務委員会参考人意見陳述

　2018年第197回国会衆議院法務委員会審議では，「特定技能労働者」を，「人材を確保することが困難な産業上の分野に受入れる」とする初めての「外国人労働者」受入れに門戸を開くものであった。本来であれば，これは「国際貢献」としてきた「外国人技能実習生」に加え，初めての労働者受入れとなる転換点であり，人権侵害の点で国際的にも指弾されてきた「技能実習制度」の存否も含め，十分な国会審議が求められるべきものであった。ま

た，広範な外国人労働者受入れにあたっては，それを地域でどう受入れ，と
もに働き，生活するうえで国民的な議論・合意も求められるものであった。
しかし，実際には過去の「入管法」改定時と比べても，きわめて性急な議論
が法務委員会では行われ，11月に国会審議，12月採決，そして2019年4月1
日には施行という異例の性急な進め方が，野党委員の反対にもかかわらず，
与党自民党・公明党により強行された。

　過去の「入管法」改定と比較しても，一年目の研修が実習に変わった2010
年の「入管法」改定議論では，衆参合わせて数カ月議論が行われた。また，
「実習生保護新法」，「技能実習機構」設置が決まった2016年の「入管法」改
定議論の際は，衆議院法務委員会では，4月と5月，二回にわたって参考人
招致が行われ，法案が成立したのは11月であった。つまり8カ月の議論が行
われ，さらに1年かけて施行という慎重なものであった。すでに各地域で14
業種の産業分野に特定技能労働者が入ってきているが，導入時の国会審議が
不十分なものであったことにより，十分な支援システムの構築のない中での
外国人労働者受入れとなった。

　著者は第197国会衆議院法務委員会審議で一点目に以下の通り「登録制」
となる受入れ機関＝「登録支援機関」の問題を指摘した。

　　2016年の法改定で，技能実習の監理団体は監理の強化を求める声に押
　され「許可制」となった。しかし，その許可制の監理団体のもとでも，
　最低賃金法違反，技能実習生への深刻な人権侵害，労災隠しがなくなっ
　ていない。許可制になっても，監理団体に対して保護法や実習実施機構
　の取り組みが効いていない，効果が上がっていないということは明らか
　だ。また，技能実習の場合，監理団体，実習実施機関（実習生受入れ企
　業）双方への行政処分がある。つまり，技能実習機構，主務大臣は「改
　善命令」を出すことが可能である。また，監理事業の一部ないし全部の
　停止を命ずることもできる。しかし，人材派遣企業の労働者派遣も許容
　する今回の特定技能労働者制度は，これらの行政指導の規定すら示され
　ていない。

　そもそも，本来，届出制とは前提として，他の法規定，「農協法」とか「協同組合法」などで既に許可を受けているので，他の事業の方は「届出」でもよろしいというもの。しかし，今回の法案の「届出制」というのは全く意味が違う。つまり，ほかの何らかの法律で許可を得なくてもよいということになっている。氏名，所在地などを明らかにすれば，暴力団と名乗らなければ誰でもできるというもの。想定されるのは，従来の技能実習制度の監理団体が「横滑り」をして新設される特定技能外国人労働者の「登録支援機関」にも登録をする，つまり人材ビジネスが両方の制度で二重に利益を得る構造になるのではないかということ。受入れ業界の側から見ても，専門性や責任が一切問われないような登録制の受入れ支援機関というのは，何ら十分な支援とはならないのではないか強く懸念される。逆に，支援機関に払う委託費用のみがかかる。この委託費用のしわ寄せは，外国人労働者を受入れている14業種の中小企業，つまり「受入れ機関」に重くのしかかってくるということは明らかだ。

　筆者は同時に，技能実習生制度で人権侵害の温床ともなってきた一部の受入れ監理団体に対する政府の実情把握が不十分であることを指摘した。

　今般問題になっている，失踪した技能実習生にかかわって実習生らから聞き取りを行った「聴取票」ですけれども，この様式を見ていて気がつきました。実習実施者，送出し機関の項目はあるんですけれども，監理を全て担っている「監理団体」に対する質問項目が一つもないわけです。「監理団体」という言葉すら，聴取票には一回も出てこない。なぜ，不正の温床になって，技能実習生に隷属を強いることも多く，ブローカーも暗躍するような団体監理型の受入れ監理団体について，実態の調査すらされないのか，公表すらされないのか。政府はそこに問題があるとわかっていながら隠しているというふうに考えざるを得ません。

　2点目として取り上げたのは「人材不足，受入れ見込み」なる2018年11月

98

16日付政府提出資料についてであった。全体として当時政府は国会答弁で「向こう５年間で34万５千人の外国人労働者を受入れる」とし，この資料では14業種それぞれで必要となる特定技能労働者数をあげていた。筆者はその算定根拠について以下の通り指摘した。

　　この資料には，「特定技能外国人労働者受入れの見込み数の考え方」なるものが分野ごとに書かれておりますけれども，専門的知見からすれば，極めて根拠としてその数値計算は疑わしいものと言わざるを得ないと考えます。例えば，表現として，ある産業分野では「１％程度の生産性向上が可能である」とか，「14業種で今後５年後に7.5万人の人的不足が生じるものと推測される」というような言葉が並んでおりますけれども，これは，国際労働力の上限試算方法から見れば到底耐え得るものではないと思います。2018年10月13日の衆議院本会議でも「外国人労働者が増加すると，日本人労働者の雇用を奪って，給与の上昇を妨げるのではないか」と自民党側から質問がありましたが，当然の懸念ではないかと考えます。

このように指摘しながら同時に筆者は，制度改善の方途に言及した。

　　御案内のように，韓国は「雇用許可制」を導入し，事業主は，まず14日間，韓国人の労働者の求人を行わないといけないわけです。それでも韓国人労働者から応募がなければ，その雇用ができない部分に限って雇用許可を申請できるというふうにしています。つまり，求人と求職の差，これを「クォータ」といいますけれども，クォータは，分野ごと，業種ごと，数人単位まではじき出すことが可能なわけです。これは，同じことが日本でもできます。日本人の雇用優先原則を同じようにとれば，日本人の雇用が奪われるということにはならず，外国人労働者と日本の労働者は共存できるわけです。ドイツは，労働省が「ホワイトリスト」をつくって，受入れ上限計算を半年ごとに作成して，ほぼリアルタイムで

受入れ数を管理しております。これが世界の趨勢なわけです。

　今回の政府の受入れ見込み数は，業界言いなりに外国人労働者を入れるもので，コントロールがきいておらず，日本人雇用が奪われることになるのではないか。国が一元的に求人数，求職者数の差を計算する，クォータを計算する，つまり政府の責任で管理する義務を放棄されていると見えます。たとえば建設分野全体で3年後に3～4万人の特定技能外国人が「確保できる」と「受入れ見込み」には書かれておりますけれども，こういうざくっとした計算を許しておりますと，例えば実習生の除染労働，福島第一原発構内の作業も「建設作業」だと言ってしまえば，外国人労働者を導入できることになるわけです。知識も技術もない，日本語もできない海外出身者が作業に当たる，これは本人にとっても現場作業にとっても，これほど危険なことはないわけです。

　3点目に筆者が指摘したのは，新設される特定技能労働者制度は，際限なく外国人労働者の大量流入を可能にする制度ではないかという点であった。

　技能実習では実習が終了し帰国した場合2回目に技能実習制度で再来日はできない制度であった。技能実習2号を修了して本国に帰っている人がたくさんいる。この本国に帰っている人たちは，技能実習制度では再来日できないが，新設される「特定技能1号」の条件に合致すれば特定技能労働者としては再来日できることになるのではないか。日本に行ってまた働きたい，稼ぎたいという方はたくさんみえますので，その数は相当数にのぼることが想定されます。

　もう一つ，特定技能制度は，送出し国との「二国間協力覚書（MOU）」を必要としていないという点で極めて問題です。技能実習制度は，ASEAN，中国を中心に15カ国からしか受入れを行っておりません。そのうち10カ国とは既にMOUを締結しております。特定技能制度は，どこの国から受入れるといっさい制限をしていないわけです。ただあるのは，「相当程度の知識又は技能，一定程度の日本語力を有する者」とい

うことだけで，受入れ職種，人数，技術力，日本語能力が法律で定められていない。こういったずさんな受入れをしている国は，世界でもほとんど例がないのではないか。中東，中南米，東ヨーロッパ，アフリカ，世界各国から出稼ぎ先を探す労働者の格好の出稼ぎ先に日本がなる可能性を排除していない制度設計だ。

　秩序のない流入を防いで，質の高い労働者を受入れる手だて，これは現在ではどの国も既にとっているわけです。韓国は2014年以降，受入れ16ヵ国と全て MOU を結んでいます。日本の MOU とは全く違う，非常に精緻なものですけれども，MOU を結ばない国からは一切受入れない。MOU の内容というのは，送出し国の公的機関が，送出し前に希望者に三つの試験を課さないといけないとなっているわけです。つまり，韓国語能力試験100点満点，技能水準試験110点満点，勤務経験・訓練・資格90点，総合評価300点で，上位から順番にリストをつくるわけです。つくったリストを，「求職者名簿」ということで，その国が韓国の「産業人力公団」に送付するわけですね。これを使って韓国のハローワークがマッチングをするので，事業主にとっても，業界が求める質の高さということでも，それがきちんと保障されるような制度になっているわけです。これは，受入れ業界を支援するシステムなわけです。安倍首相が「即戦力」とおっしゃられますけれども，そういうふうにおっしゃられるのであれば，本当に，こういう制度を本腰を入れて取り入れられるべきではないかと思います。

　最後に筆者は，外国人労働者のいわゆる「事業場移動」の問題を取り上げた。

　日本は，この点でも極めておくれている。今次法改正でも，法案の中に，「本人の責めに帰さない雇用契約の解除の場合に支援を行う」という記述がございます。つまり，自己都合の事業場移動というのは想定されていない。しかし，これは海外では，一年に１回，期間中５回まで，

　事業主と外国人労働者が合意すれば移動可能とする例もございます。韓国「雇用許可制」では労働者と雇用主の合意があれば，雇用期間中複数回の事業場変更，移転を可能にする，それを制度的に保障するというものです。このことは事実上，無用な失踪を防ぐ手だてにもなるわけです。ハローワークも知らない，日本語もできない海外労働者を雇用契約終了後3カ月で帰国させるということは，本当に貴重な人材を手放すことになるのではないか。十分な事業場移動の期間を保障し，多言語の支援，これが必要です。

　外国人労働者支援システムに関して次のように指摘した。

　　日本語教育に関してもそうですけれども，ドイツは2004年に「移民法」を制定しまして，毎年4億ユーロ，500億円の国家予算を使って，ドイツ語教育600時間，ドイツ文化オリエンテーション100時間，合計700時間。これを移住労働者に無料で提供しております。これは，日本で考えると，例えば「技能実習機構」本部ないし新設される「出入国在留管理庁」，これが本部に10カ国語程度の電話対応の通訳を常駐させるということはいかがでしょうか。それぞれ全国の地方支所に外国人労働者がトラブルにあった場合一時的に避難する公設の「シェルター」機能も併設をして，就労，生活，法律相談，住居確保，日本語教育，健康診断，帰国支援をワンストップでできるようなサービスの拠点をそこに置いたらいかがでしょうか。これは，受入れ中小企業の皆さんの相談窓口にもなるわけです。

（2）第190回国会　2016年11月22日衆議院法務委員会参考人意見陳述
同意見陳述では，3点の陳述を行った。
　第1に述べたのは外国人技能実習生への深刻な人権侵害がなぜなくならないのか，その構造的理由と解決策であった。

　現在，技能実習生は増え続け，「Made in Japan」の生産現場の一端を既に支えている。他方依然として最低賃金法違反，残業の強要といった事案が全国至るところで起こっているが，その理由は，やはり構造的な理由が背景にある。一つの理由は，現地派遣機関が徴収する高額な「保証金」の問題。金額1万ドルから1万5,000ドル，120〜200万円ということです。海外の派遣機関が設定する場合もありますけれども，日本側の受入れ監理団体がこの金額を現地の派遣機関に持ちかけるケースも少なからずございます。つまり，日本の監理団体が向こうの派遣機関に，「これだけの金額を保証金として取ってほしい」と言う。この資金の捻出に，現地の実習生家族は，田畑，家屋を担保に入れて，銀行や親族から借金をして工面をしてくるわけです。3年間逃げずに実習を修了すれば返金されるわけですけれども，いわゆる逃亡をすると取り上げられるわけです。つまり，保証金というのは，実習生を逃がさない，逃亡防止の目的で行われております。いかに最低賃金以下の違法な給与であろうが，過労死水準の二倍を超える残業をほぼ毎月強要されようが，逃亡することで保証金を取り上げられるということの恐怖心から，多くの実習生がそういう状況を甘受せざるを得ない状況に追い込まれている人権侵害の温床がここにあるわけです。問題なのは，日本政府の（公財）「国際人材協力機構（JITCO）」がこの状況を知りながら，二国間協議の場でも保証金の根絶を十分に求めない。「保証金」が放置されている限り，入管法を改定して保護法を新設しても，結局，問題は解決されることはないということになる。

　逆に，韓国が2004年に導入した「雇用許可制」に倣って，送出し国との間できちんと二国間協定を締結して，韓国は「雇用労働部」が主管をして，韓国入国の際の韓国語教育から帰国までの全てのプロセスを国が運営するということによって，ブローカーの介在する余地がなくなる。保証金を取った国は，逆に一定期間の受入れ停止ペナルティーが科されたこともあります。保証金も根絶されました。この制度に倣うのであれば，やはり日本においても人権侵害を生じさせる最大の理由の一つを排

　除できることになる。

　2点目に指摘したのは，技能実習制度への介護の職種追加の問題であり，このことは一体，日本の介護現場に何をもたらすと想定されるのか，どういう対策があるのかという点であった。

　　介護職種の追加は，初の「対人サービス」としての職種です。日本は，介護保険がありますから，在宅とともに施設介護が主流なわけです。しかし，中国，ベトナムでは，実態は家族のきずなを基盤にした親族間介護です。介護の発想も技術もやはり異なりますし，施設介護の経験を持った者の確保というのが，ごく一部の専門学校等を除いて極めて困難です。もう一つは，介護は単一職種で非常に大規模な受入れになることが想定されるということです。縫製加工とか自動車部品，農業というのは，地域で偏差があります。しかし，介護施設というのは，全国全ての都道府県に満遍なく存在するわけですね。福島県人口は190万人ほどですけれども，例えば，要件を満たす介護施設が200ぐらいあったとしますと，平均2名ずつ受入れると，単年度に400名です。もし掛ける3年という発想をすると，3年で1,200名です。これが47都道府県で起これば，3年間で少なく見積もっても5万6,400人。これは大都市圏の要素をカウントせずにその数字ですので，さらに膨大な数になることが十分予想される。

　　「外国人介護人材受入れの在り方に関する検討会」における議論の「中間まとめ」（2015年2月）の中で，2025年に向けて，最大で約250万人規模の介護人材の確保がうたわれておりますけれども，外国人材に関しては，介護在留資格付与とかEPAの部分で緩和がうたわれておりますけれども，結局かなり限られております。実質は，技能実習生が海外介護人材をほぼ担うということは明らかです。ある県の海外介護士受入れをうたう法人の介護技能実習生の受入れスケジュール，導入費用なる資料を見ると，給与シミュレーション，月額費用というところを見ると，

「組合監理費３万円」と「送出し管理費5,000円」とございます。これは，一人の介護実習生につき，合わせて月３万5,000円がバックマージンとして，受入れ組合と送出し機関に渡るということが明示をされております。

　同じく，給与欄には２年目以降，実習生給与15万円とあり，うち夜勤手当１万5,000円とあります。一回の夜勤手当3,000円として，要は，月５回，夜勤を担うということが想定されているということです。日本語能力が最低で小学生低学年レベルとされるＮ５とか，せいぜいＮ４レベルしかないような外国人実習生が，夜間に入居者の生命にかかわる事態が生じた場合に，例えば救急車がちゃんと呼べるのか，症状がきちんと伝えられるのか，非常に疑問が残ります。「日本の技術の海外移転」，これは実体のない看板になってきておりますし，不足する常勤の夜勤介護人材の確保の方策としかやはり映らないということです。介護人材の不足が叫ばれているという実態はよく理解できますが，日本の介護システム，これを中長期的に維持するというには，「労働市場補完性」，つまり日本人の優先雇用原則が貫かれるべきです。日本人介護職の就労条件の改善を行わずに，外国人介護人材が安易な代替策ということになることがあってはならない。介護現場の問題としても，入居者20人とか40人の施設で，四分の一とか五分の一が日本語能力の低い外国人実習生になると，施設の日本人職員の負担がやはり増すということが考えられるわけです。外国人労働者の受入れ上限を設定して，各施設ごと受入れ人数を厳格化すると，研修，実習の効率も上がるわけです。数は限定されますけれども，質の高い介護を利用者に提供することもできる。介護施設自体がメリットを本当に実感できることになるのではないかと考えます。

　意見陳述の最後に筆者が指摘したのは外国人労働者獲得競争が国際的に強まっており，その視点からみても十分な人権擁護施策，受入れ施策の充実が求められているという点であった。

　アジア各国が経済成長して，いずれ少子化が訪れます。そういう中で，外国人単純労働者の争奪戦時代に既に突入しているという現状です。これは二年前にＮＨＫが二つの番組で取り上げました。ベトナム，フィリピンなど，依然として送出し圧力が強いので，募集人員が集まらないということを今想定するのはなかなか難しいですけれども，しかし，中国が一つの例です。中国国内の都市部給与が上昇すれば，多額の保証金を払ってわざわざ日本に行くという選択はしないわけですね。これが中国人実習生の割合の相対的減少の原因なわけです。派遣後進国のバングラデシュ，ミャンマーでも，保証金問題，人権侵害事案を解決もせずに，在留期間だけ５年に延ばした日本は，出稼ぎ先として魅力的ではやはりなくなってきています。雇用許可制を導入して，高額な保証金もなくして，韓国は最長９年８カ月，台湾は12年滞在できます。そういう在留あるいは事業場移動の一定の自由化を実現した韓国，台湾などに，やはりそちらに行きたいと思うのは自然な選択ではないかと考えます。個人を単なる労働力とする見方を捨てて，就労環境の整備，移民政策を含めて，一人の人間として総合的な支援，こういう形でやはり国際的にも目に見える前進をする必要がある。単なる人権擁護の問題ということだけではなくて，日本経済の継続的な成長をどう維持していくのかということがかかった問題でもございますので，今次法改正での，本委員会での引き続く審議を期待したいと思います。

2　外国人労働者支援システムの現状

　法務委員会審議では日本政府の外国人労働者支援策が不十分であり，受入れ施策の詳細さえ「登録支援機関」や派遣会社などの民間任せであることが明らかとなった。このような中で，外国人労働者に対して様々な団体が支援に乗り出しており，それらの団体の外国人支援システムが日本政府の不十分な姿勢を補う役割を果たしている現状となっている。

　ここで触れるのは，（1）移住者と連帯する全国ネットワーク，（2）日本

ベトナム友好協会，(3) 日越ともいき支援会，(4) 神戸外国人支援協会の4団体である。また関連の支援団体についてはそれぞれの紹介の際に触れたい。

(1) 移住者と連帯する全国ネットワーク

「移住者と連帯する全国ネットワーク」は，1997年に「移住労働者と連帯する全国ネットワーク」として発足し，2015年に「特定非営利活動法人 移住者と連帯する全国ネットワーク」（以下，移住連）として設立された。加盟団体は20都道府県79団体に及び，会員は日本人，外国人当事者を含めて3000人を超える全国で最大の移住者支援組織である。移住連ウェブサイト[1]によると，同団体紹介および「ミッション」は，以下のようである。

> 日本に暮らす移民・移民ルーツをもつ人びとの権利と尊厳が保障される法制度の確立を目指して，全国レベルのアドボカシー活動を中心に活動しています。草の根で活動する団体や個人がつながり，移民や移民ルーツをもつ人びとのニーズや課題を集め，法制度改革や社会認識の変革につなげることが目的です。また，海外のNGOとも連携し，国境を超えた視点での移民の権利向上にも努めています。これらにより，誰もが安心して自分らしく生きられると同時に，多様性を豊かさと捉える社会を目指しています。
> 〈ミッション〉移民・移民ルーツをもつ人びとの権利と尊厳が保障され，誰もが安心して自分らしく生きられる社会を実現することです。そのために，移民・移民ルーツをもつ人びとのエンパワメントを支えるとともに，国際人権基準にもとづき，人種・民族差別をはじめとするあらゆる差別に反対し，公正な社会づくりに貢献します。

移住連はまた，「移民の問題に取り組む団体や個人をつなぎ，情報共有と

（1）「移住者と連帯する全国ネットワーク」サイト
https://congrant.com/project/migrants/1047。

議論を深めるために，全国フォーラムと全国ワークショップを毎年交互に開催している。全国フォーラムは広く社会に向けた情報発信を行うことを目的とし，全国ワークショップは，それぞれの地域で活動するメンバー同士の連携を深めることを目的として，より密な現場レベルの情報共有を行っています」とある。移住連はさらに，1994年設立の MFA（Migrant Forum in Asia）に加盟し，また AMC（Asian Migrant Center）や JCMK（Joint Committee of Migrant workers in Korea）などアジア地域のネットワーク組織や海外の個別団体や NGO と繋がり，国内だけでなく世界でも情報交換や共同行動／キャンペーンなどを行っている。

　外国人技能実習生問題に関して移住連は，「外国人技能実習生権利ネットワーク」を立ち上げて取り組んでおり，「技能実習生の権利保障と公正な移住労働者受入れ制度の確立を目指して『外国人技能実習生権利ネットワーク』は，技能実習生から日常的に相談を受け，問題解決に当たっている全国の個人・団体から構成されています。毎月，定例会を行いさまざまな情報交換をしながら，年に数回ニュースを発行し，時にはシンポジウムなどを開催しています。また，関係省庁などと定期的に話合いの場をもつなどロビイング活動も行っています。さらに，国連の人権関係委員会や米国国務省などに情報提供し，国際的にも取り組んでいます」と紹介されている。

　移住連は技能実習制度の構造には以下のような問題があると指摘する。

　　国際貢献のためとされている技能実習制度ですが，その実態は人手不足の中小零細企業等における安価な労働力を受入れる制度として機能しています。技能実習生の送出し国には送出し機関があり，日本国内には監理団体という技能実習生の紹介・斡旋・監理を行う機関が介在し，受入れ企業等で技能実習生が実習に従事します。

　　この仕組みから指摘されている問題
　　・送出し機関への多額の保証金
　　・違法な労働契約（例：恋愛禁止，妊娠・出産，AIDS，慢性病が発覚した際には強制帰国）

・技能実習生が権利を主張したときにその意に反して帰国させる強制帰
　国
・長時間労働（例：朝8時から深夜1時まで）
・賃金不払いや最低賃金割れ（例：時給300円～400円などの違法な残業手
　当）
・技能実習生に対する暴言や暴行
・セクシャルハラスメント
・その他多くの人権侵害

　移住連は，こうした技能実習制度を，移民の権利が保障される公正な受入
れ制度に切り替えていくことを目指しています，とする。

（2）日本ベトナム友好協会
　同協会は，1955年3月設立。第二次世界大戦中に日本がベトナムを含む
「フランス領インドシナ」に派遣していた日本軍兵士が終戦後もベトナムに
残り，抗仏戦争などをベトナム側に立って戦った。帰国した日本軍兵士らが
設立し，日本でもっとも古いベトナム友好団体である。ベトナム戦争中はア
メリカのベトナム攻撃に反対し北ベトナムを支援。会長は古田元夫氏。会員
数約800人。全国に17の地方組織を持ち，現在，ベトナム人技能実習生，ベ
トナム人留学生支援を全国的に展開している。
　同協会機関紙『日本とベトナム』第782号によると，2021年5月に開催さ
れた第66回全国総会には，ヴー・ホン・ナム駐日ベトナム特命全権大使らが
参加した。また，「総会宣言」では「急速に増加したベトナムからの技能実
習生や留学生の中で，コロナ蔓延により生活に困窮するケースが増大してい
る」とし，「食糧支援についての協会内外の協力と支部を超えた連携，国民
健康保険料や特別支援金など，活用できる様々な制度の紹介と申請の手助け，
労働相談・法律相談，あるいは集団で働く技能実習生に対する日本語教育」
などの活動報告がなされた。さらに，「コロナ禍の中でさらに支援の輪を広
げるとともに，協会としてのネットワークをつくり，在住ベトナム人との交

流を進める。（中略）そこでまず，国際的な労働者や移民・難民の権利保護，出入国管理の在り方なども参考にしながら，ベトナム人実習生・留学生が抱える問題の背景にあるものは何か，日本の社会・経済のゆがみや外国人受入れ態勢の不備・解決すべき課題は何かなどについて学ぶ」ことを方針とした。

　同協会は各地に支部があり，従来からベトナム人留学生やベトナム人居住者とのつながりを築いてきており，そのような従来の関係と信頼を活かした取り組みを外国人労働者支援の土台としていることに特徴がある。また，会員はベトナム語が堪能な場合もあり，通訳としても支援にあたることが可能となっている。

　同協会は2021年7月30日にZoomを用いて，「在住ベトナム支援会の準備会」を開催した。支援準備会には6支部15名が参加。参加者からの報告では，「帰国困難な実習生や生活困難な留学生にパンを週2回配布し続け，日本語学校とも連携し食材支援を継続し，そこから信頼が深まり相談者が増加した」，「支援対象の事項としては，①コロナウイルス感染症にかかわること，②教育・日本語の学習にかかわること，③労働，雇用，④税金，⑤医療，病院，患者への支援。専門家とのつながりが大切」など多様な点があげられた（同協会機関紙，第784号）。

　同協会は2021年10月3日に「国際的視点から見た技能実習生問題と人権」と題した講演会を実施し，「首都圏移住労働者ユニオン」事務局長の本多ミヨ子氏が講演を行った。講演会では，「アメリカ国務省人権報告書」があらためて日本の技能実習制度を「人身売買」であると指弾し，日本政府に改善を求めたこと。同報告書での指摘は10年近くに及ぶこと，「首都圏移住労働者ユニオン」は，この制度がILO（国際労働機関）29号条約が禁じる強制労働にあたるとする申立書を毎年ILOに提出していることなどが報告された。

　同協会はさらに2022年2月に第二回の「ベトナム人支援の会準備会」を開催し，8支部27人が参加。このなかでは，2018年夏に来日し熊本県芦北町のミカン農家で実習をしていたベトナム人技能実習生レー・ティ・トゥイ・リンさんが，自宅で死産した双子の遺体を放置したとして，福岡高裁が「死体を隠ぺいする行為」であるとし，被告に懲役3カ月，執行猶予2年の有罪判

決を下したことを不当判決とし，被告を支援する呼びかけが同協会福岡県支部から行われた。この取り組みは，同協会本部だけではなく各地方支部が各地の外国人支援組織とも連携し，各地域独自の取り組みを行っていることを示している。

（3）NPO法人日越ともいき支援会

2022年11月現在，同会代表理事は浄土宗僧侶の吉水慈豊氏，顧問は斉藤善久・神戸大学大学院国際協力研究学科准教授である。同会ウェブサイト[(2)]によると「日越ともいき支援会とはベトナム人の命と人権を守る」として以下のようにある。「浄土宗の寺院でのベトナム支援活動は，前住職の吉水大智がベトナム戦争の悲惨さを現地で目の当たりにした1963年に遡ります。2011年の東日本大震災に際し，被災したベトナム人を受入れたことから，『吉水大智』の名前が在留ベトナム人の間で広く知られるようになりました。また，その頃から日本に在留するベトナム人技能実習生，留学生の数が急増し劣悪な環境に置かれている彼らからの相談も日増しに増加して，今では在留ベトナム人の『駆け込み寺』として，メディアに取り上げられる機会も増えました。その支援活動は相談の枠を超え，住居の確保，帰国出来ない若者達の保護，労使交渉にまでに及びます。平成25年から活動をしている『日越ともいき支援会』は，今年東京都より非営利活動法人として認可も受けました。『日越ともいき支援会』は，ベトナム人の命と人権を守る活動を通して，ともにいきる社会を実現することを目指す団体です」。

同会の取り組みは2022年10月以降の取り組みだけみても，
- 残業代未払いについての縫製実習生からの相談（秋田・愛媛・山形・大阪・岡山）
- ベトナム人特定技能労働者夫婦の妊婦支援（大阪）
- ベトナム帰国前にアルバイト代が払ってもらえず航空券が購入できないとの就労相談，労働基準監督署への同行支援

（2）「NPO法人日越ともいき支援会」サイト　https://nv-tomoiki.or.jp/。

・連合東京・UA ゼンセンと連携して支援を行う対策会議開催
・給料未払いの会社に関して労働局と，入国在留管理局に相談。四谷の
　FRESC（外国人在留支援センター）へ同行支援
・大阪の裁縫技能実習生たちと，残業代未払いの相談に，外国人技能実習
　機構大阪事務所援助課へ同行支援
・新規就労先を探す支援を行った技能実習生の職場訪問
・大阪の裁縫残業代未払い時給400円の実習生たちの岐阜へ転籍支援と引
　っ越し支援
・来日したばかりの縫製技能実習生がミシンができないという理由で解雇
　されたため，新規就労先支援。技能実習機構仙台への同行支援（福島県）
など多岐にわたる。

同会は生活支援も行っている。

　〈生活支援事業〉

　　労働環境や賃金，社会生活，借金，医療健康問題などにおいて，「留
　学生・技能実習生を主とする在日ベトナム人のSOS」が日越ともいき
　支援会に多く寄せられています。特に現在，新型コロナウイルスの影響
　で雇用に大きな影響が出ていますが，日本に41万人いる「外国人技能実
　習生」も厳しい状況に立たされています。外国人技能実習生は発展途上
　国の人材育成や日本の技術を伝えることを目的に，国が1993年から受入
　れ，全国各地の産業・建設業の現場で働いていますが，解雇された技能
　実習生は行き場をなくしたままどうすることもできません。ほかにも出
　国待ちで収入のない元留学生，元実習生など様々な環境・立場にある在
　留ベトナム人も増えている現状があり，私たちはまず生活をしていくた
　めに，住居の確保，帰国できない若者の保護，食糧支援，心のケアなど
　行っています。

具体的には，

　①行き場を失ったベトナム人青年たちの一時的保護

　　コロナ禍における帰国困難者，職場での暴力から避難した技能実習生
　などを一時的に保護し，健康と精神の安定を回復させながら状況の聞き

取りを行い，次のステップへとつなげています。

②緊急食糧支援

　遠隔地で経済的に困難な状況に陥っている在留ベトナム人などに，寄付により集められた食料品などを届けています。

③職場，学校などとの折衝

　様々な事情で解雇や退学を通告された技能実習生や留学生などについて，本人と実習実施機関，学校など双方からの聞き取りを行った上で話し合い，必要に応じて労働組合や弁護士などとも連携しながら解決をサポートしています。

④病院の手配と医療通訳

　病院で自らの症状を説明したり諸手続きを行うことができないベトナム人に同行して必要な通訳を行ったり，様々な事情から医療保険を利用できない場合の医療費の清算方法について病院側に国の支援制度を紹介するなどしています。

⑤有志企業・監理団体などと連携した就労先確保

　職安法などに抵触することがないよう配慮しつつ，有志の協力企業・監理団体などと協力しながら，失職した技能実習生や内定切りにあった留学生などの就労先の確保を側面からサポートしています。

⑥出国支援

　コロナ禍のもとで帰国困難に陥っている在留ベトナム人の円滑な帰国をサポートするために，帰国希望者の掘り起こし，事情の聞き取り，リスト化などを行い，帰国便を手配しております。

⑦日本語学習支援

　日本語能力の不足により在留ベトナム人が無用なトラブルに巻き込まれることなく我が国での在留を継続し，あるいは何らかの困難に遭遇した後でも再チャレンジし，さらに日本社会にも貢献しつつ生活していくことができるように，ボランティアの日本語講師を配置して，日本語能力，ひいては日本社会における生活能力全般を高められるよう支援しています。

　同会の多様な取り組みは，在住外国人支援が極めて多岐に及ぶもので労働問題にとどまらず，生活者を支援する視点と支援策が求められることを物語っている。

（4）NPO 神戸定住外国人支援センター（KFC）

　神戸は歴史的にベトナム人，在日コリアンほか多国籍住民や海外にルーツを持つ住民が集住している地域である。同会ウェブサイトによると，同センターが目指すのは KFC のあゆみと同会が目指すことについて以下のようにある。

〈KFC のあゆみ・めざすこと〉
　神戸定住外国人支援センター（KFC）は，地域に暮らす多様な文化背景を持つ人々が「ともに生きる」ことができる社会に向け，活動する民間の非営利法人です。KFC は，1995年 1 月17日に起きた阪神・淡路大震災のあと，ボランティアによって設立されたふたつの組織（「兵庫県定住外国人生活復興センター」，「被災ベトナム人救援連絡会」）が，震災救援という枠を超え，日常の外国人支援に取り組むことを目的に，1997年に統合して設立されました。今，日本のアジア植民地支配の歴史や経済の国際化といった社会状況により，自分の生まれたところを離れ新しい土地（日本）に移住し，家族をもうけ暮らす人がいます。しかし何世代を重ねても移住したマイノリティにこの社会は目をむけていない現実があります。
　歴史は，多数者・社会的強者の都合や利便さの追求が，どれだけ少数者を踏みにじっていったのかを証明しており，社会の豊かさ，人としての権利を守るためには，個を大切にすること（違いを認めた平等）が社

（3）「NPO 神戸定住外国人支援センター」サイト　https://www.social-b.net/kfc/about/about.html。

会にとって必要であることを示しています。日本に生活の場を持つマイ
ノリティは，この社会の構成員です。日本社会の中にある偏見や差別を
取り除き，豊かな社会が実現することを願い，KFC は活動を進めてい
ます。

　あわせて神戸では2022年6月に新たな在住多国籍住民支援組織として「神
戸移民連絡会」が発足した。『神戸新聞』ウェブ版2022年6月18日付は次の
ように報じている。

　　日本で働く在留外国人を法律，福祉，労働などさまざまな視点から横
　断的に支援する「神戸移民連絡会」が発足した。働き手として来日する
　外国人を巡っては劣悪な労働環境，不安定な暮らしなど課題は多様化し
　ている。連絡会には各分野に精通した兵庫県内の専門家や NPO 法人，
　留学生も参画。窓口を一本化することで，スムーズな支援につなげたい
　考え。神戸大大学院国際協力研究科の斉藤善久准教授（51）や同科の留
　学生，在留ベトナム人を支援する NPO 法人「日越交流センター兵庫」
　の鳥本敏明理事長（74）らが設立した。ほかに弁護士や労働基準監督署
　の元職員らが名を連ねる。
　　これまでは交流サイト（SNS）などを通じて発せられる在留外国人の
　SOS に個別に対応してきたが，日本で暮らす外国人の増加とともに課
　題も多様に。新型コロナウイルスの感染拡大に伴う入国制限が順次緩和
　されていることも踏まえ，民間による組織的な支援が必要と判断した。
　在留外国人から職場の労働環境などについて相談があれば，受入れ企業
　と交渉。緊急時には一時的に暮らせる避難場所（シェルター）を用意す
　る。難民申請者には手続きなどの支援も行う。
　　出入国在留管理庁によると，途上国への技術伝達を目的にした「技能
　実習生」は国内に約27万6千人（昨年末時点）いるが，年間5千〜9千
　人が失踪。背景には賃金の安さや過酷な労働環境，受入れ側の理解不足
　などがあるといわれる。2019年に創設された特定技能制度でも同様の問

題をはらむ。斉藤准教授は「同胞の甘言に乗せられ借金を背負って来日
したり，日本の人材ビジネスに巻き込まれたりする外国人が増えた」と
指摘。「連絡会がセーフティーネットとなり，支援の手からこぼれ落ち
た人たちを救っていきたい」と話す。神戸移民連絡会はフェイスブック
で情報を発信している。

3　「支援システム」とは何か
―外国人労働者支援とともに求められる受入れ事業所支援―

　ここでは外国人労働者に関する支援システムとは何か，何が求められてい
るのかを考える。
　日本の場合，政府がとくに技能実習生，特定技能労働者を「労働力」とし
てしかとらえておらず，さらにその「労働力」としての外国人労働者の受入
れ，監理に関しても技能実習制度では「監理団体」，特定技能労働者では
「登録支援機関」というまったくの民間機関に丸投げをする形となっている。
労働者は生活者であり，在留，医療，教育，健康維持，娯楽，飲食，居住所
確保など生活面すべてでの支援が必要となっていることは，上記4団体の取
り組みからも明らかである。現在の日本の制度は，これら外国人労働者の人
間総体としての支援を政府が行っていないために，その代替を厚志の民間団
体や個人が担わざるをえない状況にある。
　しかしこのような日本政府の不作為な行為は，国際社会の中で移民労働者
に対する支援が充実される中で際立ってきている。本章ですでにふれたが，
韓国が導入した「雇用許可制」の最大の特徴の一つは，政府が外国人労働者
受入れにあたってG-G制度（政府・政府間対応。すべてを政府間対応で処理す
ること。それによりブローカーや過度な「保証金」が発生しないシステム）を取
っていることにある。
　具体的に言うと，G-G制度が管理するのは以下のような外国人労働者受
入れに関するすべての項目である。
　①派遣国での選抜，渡航前の韓国語教育，受入れ労働者の技術力チェック。

②資格など能力の確認と試験実施による就業能力把握。

③その結果に基づいてハローワーク（産業人力公団）が派遣企業に紹介。

④「クォータ」把握にもとづいて韓国人労働者では埋められない適正な受入れ数の把握（それゆえ韓国人労働者と外国人労働者の共存が可能となる）とそれにもとづく「雇用許可」。

⑤就労中は韓国全体で約30か所ある支援センターで，労働者，雇用主双方からの労働相談の実施，弁護士などの専門家による法的支援，無料の韓国語学習提供，テコンドーなどの娯楽教育，多言語支援が行われ，外国人労働者，雇用主ともきわめてアクセスがしやすくなっている。

⑥ただ，どうしても労働者と雇用企業のミスマッチングが起こるため，その際は日本とは異なり，双方が同意すれば職場移動が就労期間中5回まで行うことができる。

⑦帰国時の帰国支援も韓国政府が行うのでそれに関わるトラブルが基本的に解消された。

　日本では職場移動の際の公的支援はほとんどないが，韓国では先の「ハローワーク」が仲介することで困難が軽減されるシステムとなっている。同様の支援システムは日本でも十分可能なものであるにもかかわらず，日本政府が一貫して導入を拒んでいることは明かに不作為の行為であると指弾されざるをえない。

　「外国人労働者支援システム」とは上記のような労働者本人への支援という面が大きい。しかし同時に，外国人労働者の諸権利や雇用，法定賃金，労働環境が十分保護されるためには，外国人労働者が就労する受入れ事業所への支援もきわめて重要な課題である。

　賃金にかかわるトラブルで依然として多いのは，賃金未払い，過度の残業の強要，最低賃金法違反，労働環境の不備，高額な宿舎費の支払い強要などである。これらはすべて受入れ事業所の給与支払い能力，経営能力にかかわる問題でもある。技能実習生受入れは圧倒的に「団体監理型」となっている。つまり中小零細企業や農家が，名目のみの「受入れ協同組合」を作って監理団体が実習生を派遣するという形である。その際，外国人技能実習生，特定

技能労働者は「安くで使える」と仲介ブローカーから伝えられることが多く，それなら「日本人従業員よりも安くあげられる」し，「うちの産業分野には日本人が来てくれない」などの理由から実習生，特定技能労働者の導入を決めることも多い。ところが，きわめて一般的と考えられるが，派遣国の派遣機関，日本の介在ブローカーは一人の実習生につき毎月派遣国に5,000円，日本人ブローカーに3万円をバックマージンとして要求する。こうなると，受入れ中小企業は，最低賃金支払いのほかに，バックマージン3万5,000円のねん出が毎月求められるため，費用がかかり，想定していた「安くで上がる」状況ではなくなる。その事業所が10名の技能実習生を受入れたとすると，事業所は最低賃金の他に毎月35万円（3万5,000円×10人）のバックマージンの支払いが求められることになる。このことが給与未払いにつながったり，最低賃金割れとなったり，高額な宿舎料を外国人労働者に科す原因ともなっている。このようにブローカーの介在が違法な労働者受入れの温床となっており，韓国雇用許可制のようなG-G制度にし，ブローカー介在を排除することが保証金や不要なバックマージンの解消のために必須の課題である。

　受入れ事業所支援を考えるうえで，ブローカー排除は必須の課題であるが，事業所が直面している困難は多様である。第2章「中規模受入れ県から見る外国人労働者雇用の現状と課題」で，福島県が2019年10月に公開した「外国人材雇用に関する調査報告書」の結果を分析したが，その中で受入れ事業所が困難に感じているのは，①外国人実習生，特定技能外国人労働者と「コミュニケーションがとりづらい」，②入管，実習手続き認定に思ったより時間がかかる，③研修や教育に手間がかかる，④生活習慣のギャップ，⑤技能実習評価試験合格のための指導が大変，⑥仕事を身に着けてくれない，⑦地域住民の理解が得られない，と続いた。

1）「コミュニケーションがとりづらい」，「生活習慣のギャップ」

　受入れ事業所が最も困難に感じているのは言語コミュニケーションの問題である。これは中小零細や農家などの一受入れ事業者では解決が困難である。最低限の日本語能力を身に着けてもらう上で，韓国のような支援センターを

設置し専門の日本語教師配置が求められる。各地域でそのような対応ができない場合は，既存の「日本語教室」が各地にはある。この日本語教室で学ぶ時間を（例えば土曜，日曜）事業所が確保すること，また，地方自治体はどこに日本語教室が開設されているか周知することや，国としては日本語教室授業料を支援する対策が必要であろう。やさしい日本語でも会話ができるようになれば，外国人労働者のストレスが軽減されるだけではなく，コミュニケーションが改善され，事業主の負担も軽減される。このことは④の生活習慣のギャップの問題ともかかわるだろう。日本語教室は，日本語を学ぶとともに，日本人講師や他の受講生との対話が可能となり，日本の習慣についても学ぶ機会となる。

2）「入管，実習手続き認定に思ったより時間がかかる」

受入れ事業所が感じる第二に「入管，実習手続き認定に思ったより時間がかかる」が挙げられていることが示すのは，中小零細事業者が不慣れな入管手続きや実習手続きを担わざるを得ない現状を示している。これらの業務ができない受入れ事業者は結局，手数料やバックマージンを払って監理団体やブローカーに代行を依頼せざるを得ない。この点も先の韓国雇用許可制のようにG-G関係となれば入国手続き，在留手続きは国が行うことになり個別事業者の負担は軽減される。

3）「研修や教育に手間がかかる」，「技能実習評価試験合格のための指導が大変」

この点は事業主自身も就労しながら研修・教育，「技能実習評価試験」指導を行わなければならない実態から生じている。いずれも受入れ事業主には必要な業務であるが，実習生数が多い場合その指導はより負担となる。根本的には実習生，特定技能労働者を過度に受入れずにする形の構築が求められる。それまでの措置としては，同県内・同地域内の同業者間で研修・教育，試験指導を行うシステムの構築がある。各県庁の雇用労政部，中小企業団体中央会が音頭を取って参加を呼びかけるなどの対応が必要であろう。

４）「地域住民の理解が得られない」

この点も受入れ事業者単独では困難な課題である。なるべく実習生，労働者を地元のイベントなどに参加できるような配慮が事業主には必要であるが，各地の国際交流協会，県庁国際課は地域の国際化の一環として事業所を積極的に支援する施策の策定実施が必要である。交流が深まってくれば，地域住民自身が国際化の豊かさを実感できる機会ともなる。

おわりに

2022年１月以来急速に進む円安，インフレは日本人住民だけではなく海外からの住民にも深刻な影響を与えている。たとえば，水光熱費の上昇，食料品・生活雑貨の高騰はそれでなくとも節約を心がけてきた技能実習生，外国人労働者の生活を直撃している。さらに円安は，技能実習生，外国人労働者の賃金の実質的な目減りを招いている。たとえば，ベトナム人の場合，2022年１月と比較すると給与である円の価値はベトナムドンと比較して20％ほどの価値低下が生じている。本国への送金をベトナムドンで同じ金額にしたければ，円計算で２割余計に送金することが求められている。しかし実際には，そのような対応は困難であり，実質，本国への送金金額を減らしたり，送金頻度を落とすしかない。対ドルでベトナムドンもドン安とはなっているが，円の対ドル為替レートがそれより大幅に下落しているために，このことは日本で就労する意欲を低減させる事態ともなっている。そのことにより，日本への新規入国が減り実習生，特定技能労働者確保はすでにむずかしくなってきている。また，日本で就労している外国人労働者が就労，実習を切り上げて本国に帰る事態も生じている。

他方で，例えば時給が日本の３～４倍となるオーストラリアは格好の就労先となっている。オーストラリアではアルバイトの時給でも2,500円から2,800円。それでも求職者が集まらない場合は，さらに値上げされている。１日８時間，週５日を月５週働いた場合，時給2,500円とすると，月額賃金は50万円になる。日本の場合，技能実習生は最低賃金の場合が多く給与は月

額15万円ほどである。オーストラリアで働けばその3倍以上の給与となるのであれば，日本ではなくオーストラリアを就労先に選ぶことは自然であろう。また，カナダは永住権が得やすく人気がある。日本の特定技能労働者1号の場合，家族帯同も認められず，2号となっても業種が限られるため実質永住権の取得は困難である。

　外国人支援システムの構築はこのような状況の中で待ったなしの課題である。日本が就労先として選ばれる国となるためになすべきことは多い。同時に実習生，外国人労働者と受入れ事業所双方を支援する支援システム構築ができないのであれば，早晩，日本経済は深刻な打撃に直面せざるを得ないであろう。

[参考文献]
衆議院（2016）「第190国会衆議院法務委員会第13号議事録」。
衆議院（2018）「第197国会衆議院法務委員会第6号議事録」。
NPO法人移住者と連帯する全国ネットワーク（2022）「移民女性の妊娠・出産・育児に関する実態調査報告書」。
日本ベトナム友好協会（2022）「日本とベトナム」（機関紙782号）。
NPO法人日越ともいき支援会（2022）「報告書」。
NPO法人神戸定住外国人支援センター（2022）「活動内容」。
神戸新聞（2022）「低賃金，劣悪な環境…働く外国人のSOSに応えたい　神戸で支援団体発足，避難場所も用意」。

第**5**章

インターネットと移住女性と対抗的な公共圏
—ベトナム人カトリック・コミュニティによる妊娠女性の支援を事例に—

巣内　尚子

　新型コロナウイルスの感染流行以降，カトリック・コミュニティのシスターや信徒の女性たちが妊娠に関する課題を抱える同胞女性の支援に乗り出した。本章はこの状況を受け，エスニックな紐帯，宗教コミュニティ，インターネット，ローカルな市民社会とのかかわりの中で，ベトナム人女性と市民社会が「下位の対抗的な公共圏（subaltern counterpublics）」をどのように形成し，それが妊娠女性の支援にどう関与するのかを明らかにする。

はじめに

　新型コロナウイルスの感染流行以降，日本に暮らすベトナム人が経済面や生活面を中心に窮地に立たされる状況が広がってきた。中にはコロナ禍の下，妊娠をめぐる課題に直面するベトナム人女性もいた。特に技能実習生や在留資格のないベトナム人女性の場合，日本での安全な妊娠・出産が様々な理由から困難になっている上，コロナ対策の航空便の運航制限により帰国できないという状況に陥った[1]。そんな中，カトリック・コミュニティのベトナム人の間で妊娠中の同胞女性を支援する活動が生じてきた。とくにシスターや信徒の女性などコミュニティの女性たちが当事者への「聞き取り」活動を行

（1）　巣内尚子（2020）「ベトナム人女性技能実習生と妊娠をめぐる課題：コロナ，継続する性の管理，奪われる権利」『F visions：世界が見えるフェミニスト情報誌』2（特集 コロナ禍とジェンダー）。

うほか，支援者・支援組織に当事者を「つなぐ」役目を果たしてきた。

　日本のベトナム人女性による同胞支援ではカトリックの宗教コミュニティとインターネット，さらに支援者・支援組織といった日本の市民社会との連携が重要な役割を果たす。またシスターや信徒の女性だけでなく，神父や信徒の男性も連携する。このため，先行研究では十分みられなかった宗教コミュニティ，インターネット，ローカルな市民社会とのかかわりの中で，どのようにベトナム人女性たちが「下位の対抗的な公共圏」を形成してきたのかを明らかにする余地が残されている。

1　分析視角

（1）エスニシティと社会文化的仲介

　「人種」概念が生物的特徴をもとに人間を区別・序列化するとともに，その非科学性が指摘される中，人種とは異なる概念として用いられてきたのがエスニシティである。樽本によると，エスニック集団は人間の集団を言語，生活様式（服装，髪型，食事，家族構成など），宗教などを基準として分類するものであり，エスニシティ概念はこのような文化的・心理的特性に基づく分類・区別の基準である。[2] 関根はエスニシティ概念の社会学研究における重要性に関し，人口集団の分類や記述的報告のために人種・エスニシティ概念を用いるのではなく，①人種・エスニシティ別に分類された集団間の支配・従属関係といった社会的関係，②人種・エスニック集団の社会・経済的地位の把握，③人種・エスニック集団内の個人の集合的ないし個人的行動や，個人の意識・態度を社会学的に分析し，理解するための概念として活用できると説明する。[3]

　移民コミュニティでは新たにやってきた移民を先に定住している移民が支

（2）　樽本英樹（2016）『よくわかる国際社会学』（第2版），ミネルヴァ書房。

（3）　関根政美（1996）「エスニシティの社会学」梶田孝道編『国際社会学』（第2版）名古屋大学出版会。

援する事例がある。この際，エスニックな紐帯とともに，ジェンダーが作用する事例が存在する。園部はフランスでは西アフリカ系女性移住者が同胞のために行政手続き，病院，学校など公共機関との交渉といった社会編入の現場で相互扶助的な活動を行っていることを明らかにしている。ここではエスニックなつながりに加え，女性同士の連帯が重要な役割を果たす。こうしたフランスの西アフリカ系女性たちは当初，「つなぐ女性（femme-relais）」と呼ばれた。90年代後半からは短期雇用支援制度の創設を契機に女性たちの活動が職業化し「社会文化的仲介」と呼ばれるようになった。[4]

　日本ではカトリック・コミュニティのベトナム人のシスターや信徒の女性たちが社会文化的仲介活動により妊娠中の女性をはじめニューカマーのベトナム人女性を支援している。園部に倣い，難民として，あるいはカトリック教会のシスターとして来日し，一定期間日本に滞在した後，日本語能力や日本社会とのネットワークを得た上で同胞の支援を行うベトナム人女性を「社会文化的仲介者」として位置づける。また来日して日の浅い技能実習生などのベトナム人女性を「ニューカマー・ベトナム人女性」と位置づけたい。

（2）下位の対抗的な公共圏

　フレイザーはハーバマスの「公共圏」に関する議論を批判的に検討した上で，マイノリティ集団によるオルタナティブな討議の場を「下位の対抗的な公共圏／サバルタン・カウンターパブリックス（subaltern counterpublics）」と名付けた。[5]

　ハーバマスが議論した公共圏は西欧社会において資本主義経済が発展する中，ブルジョワ層の台頭に加え，読書サロン，劇場，美術館，音楽会，コー

（4）　園部裕子（2007）「女性仲介者の語りにみるフランスの移民政策の変容」『香川大学経済論叢』80（2），園部裕子（2014）「フランスの西アフリカ出身移住女性の日常的実践」『「社会・文化的仲介」による「自立」と「連帯」の位相』明石書店。

（5）　Fraser, N (1992) Rethinking the Public Sphere: A Contribution to the Critique of Actually Existing Democracy in Herbermas and the Public Sphere (ed. Calhoun, C., MIT Press, (山本啓・新田滋訳（1999）「公共圏の再考―既存の民主主義の批判のために」『ハーバマスと公共圏』未来社)。

ヒーハウスでの議論の展開，新聞といったメディアの影響力の拡大を背景に，「討議する私人」たちにより公権力を批判しながら政治的決定への影響を及ばす舞台として位置付けられている[6]。しかしフレイザーはこのような西欧社会の公共圏はブルジョワ層の男性が中心となっており，階級や人種・エスニシティ，ジェンダーなどにより周縁化される人々が存在してきたと指摘する。これに対し下位の対抗的な公共圏はマイノリティ集団が声を上げ，討議することを可能とする場である。

　さらに徐はフレイザーの下位の対抗的な公共圏の議論を検討した上で，ポストコロニアルな（植民地主義以降の）文脈，国籍，階級，エスニシティ，世代，ジェンダーといった要素の相互作用に注目しながら，日本の東大阪における夜間中学独立運動において在日朝鮮人女性を主体とする下位の対抗的な公共圏が形成されてきたことを明らかにした[7]。徐は在日朝鮮人女性の運動の功績として日本社会とエスニック社会で不可視化されてきた在日朝鮮人女性の存在を可視化させ，地域社会において独特の歴史社会的背景を持つ集団として一定の地位を成すことを可能にしたことを指摘する。同時に東大阪市や大阪府教育委員会，地域の日本人社会を相手とする異議申し立ては再分配とアイデンティティの承認要求により在日朝鮮人女性の対抗的な行為主体を地域レベルにおいて確立させたと評価する[8]。

　以上の先行研究を踏まえ，本章では，カトリック・コミュニティ，エスニックな紐帯，インターネットが下位の対抗的な公共圏の形成と実際の支援活動にどう連関するのかを議論する。この際，社会学の理論的な枠組み，ジェンダー，エスニシティの視点を導入し，データ面では筆者が2014年以降行ってきた移住労働経験を持つベトナム人への半構造化インタビューのデータを

（6）　Habermas, J. (1990) : The Structural Transformation of the Public Sphere: An Inquiry into a Category of Bourgeois Society 2nd ed (trans. Thomas Burger with Frederick Lawrence).（細谷貞雄・山田正行訳（1994）『公共性の構造転換―市民社会の一カテゴリーについての探求　第2版』未来社）。

（7）　徐阿貴（2012）『在日朝鮮人女性による「下位の対抗的な公共圏」の形成―大阪の夜間中学を核とした運動』御茶の水書房。

（8）　同上。

用いる。

2　カトリック・コミュニティと支援の実践

　在日ベトナム人の数は2010年末時点で 4 万1,354人だったものが，2020年末にはその10倍超の44万8,053人に達した⁽⁹⁾。かつては難民として日本にわたった人が多かったが，近年はベトナム政府の「労働力輸出（xuat khau lao dong）」政策と，移住者の送出しと受入れにより経済利益を得る仲介会社の事業活動の活発化を受けたベトナム―日本間の移住インフラストラクチャ⁽¹⁰⁾ーの拡大が，技能実習や留学の在留資格で在日するベトナム人を急速に増加させた⁽¹¹⁾。

　在日ベトナム人の数が増える中，日本のカトリック・コミュニティのベトナム人たちは様々な場面で同胞への支援活動を行っている。特に教会のシスターや神父はミサなどの集まりを通じ，信徒の悩みを聞き，精神的なケアを提供してきた。また信徒の女性や男性，日本人がかかわる支援組織などローカルな市民社会と連携しながら，移住者向けの生活・医療面の支援活動に協力している。カトリック教会の中には日本人の弁護士と連携し，ベトナム人向けに法律相談を提供しているところもある。

　カトリック教会のシスター，神父，信徒は日常的に「人を助ける」活動をし，支援の文化を構築してきたと言える。同時に支援実践を通じ，法律家や支援組織などローカルな市民社会の成員とのつながりを構築し，社会的に開かれた視点と，異なる立場の市民社会のアクターと連携するという支援の経験をカトリック・コミュニティが持つことを促した。

（9）　法務省（2021）「令和 2 年末現在における在留外国人数について」（http://www.moj.go.jp/isa/publications/press/13_00014.html）。

（10）　Xiang, B., and J. Lindquist (2014) Migration Infrastructure, International Migration Review 48 (S1), S122-S148.

（11）　巣内尚子（2019）『奴隷労働―ベトナム人技能実習生の実態』花伝社。巣内尚子（2020）「移住インフラにおける債務労働とジェンダー―日本と台湾のベトナム人労働者の事例から」『経済社会とジェンダー：日本フェミニスト経済学会誌』 5 。

　さらにコロナ感染流行以降，支援活動が活発化した。特徴はカトリック・コミュニティのネットワークとエスニックなネットワーク，さらにインターネットを活用しつつ，日本の市民社会との連携をてこに，支援活動の幅や対象を広げていったことである。

　カトリック・コミュニティがコロナ感染流行以降に始めた事業には「一杯の愛のお米プロジェクト」がある。この事業はFacebookを活用し，食料支援を必要とする日本各地の人から連絡を受け，対象者に食品セットを送付する事業である。2020年4月9日に事業を始動し，同年6月までに日本全国の約6,000人に食品セットを送付した。[12] Facebookが連絡手段に使われたのは，ベトナム人の中に携帯電話に加入していない人が多いためである。ベトナム人からは労働問題の相談も持ち込まれた。そこでベトナム人のシスターや神父から状況を聞いた「日本カトリック難民移住移動者委員会（J-CaRM）」は，技能実習生支援組織のネットワーク「外国人技能実習生権利ネットワーク」と連携し「ベトナム人技能実習生労働相談ホットライン」を開催するに至った。ホットラインはFacebookのメッセンジャー機能を使い日本各地に暮らすベトナム人技能実習生からの相談を，日本人が主体となっている労働組合や日本人弁護士などが受けるものである。通訳はベトナム人のシスターや神父，信徒が務める。2020年6月に第1回目のホットラインが実施されて以降，2023年2月までに計18回のホットラインが開催されてきた。[13]

　ホットライン実施日以外でも，カトリック・コミュニティのベトナム人のシスターや神父，信徒は，Facebook等を通じて相談を受け，聞き取りをし，必要な場合日本人の支援者と連携し支援活動を行っている。

(12)　対象者に送付した食品セットはコメ5キロ，砂糖1キロ，揚げ油1リットル，即席めん，マスク，ヌオックマム（魚醤），お菓子などから成る。費用は1人分で食品5,000円，送料1,500円の計6,500円がかかった。食品のセットを送った人を在留資格別でみると，全体の70％程度が技能実習生，残り30％が留学生やエンジニアだった。
(13)　巣内尚子（2020）「広がる外国人支援のネットワーク，食料の寄付や労働相談ホットライン：カトリック教会や法律家，労組が連帯」Yahoo! News Japan。

3　ベトナム人女性と妊娠・出産

　コロナ感染流行以降，技能実習生や何らかの事情で職場から離脱した元技能実習生の女性，留学生らから，妊娠に関する相談がカトリック・コミュニティの女性たちに寄せられるようになった。特に技能実習生の場合，妊娠したものの，誰にも妊娠の事実を告げられずにいることが多い。中には，医療機関を未受診のベトナム人女性もいる。

　ベトナム人の技能実習生が妊娠によって追い詰められてしまうのは，日本政府，受入れ企業，監理団体，送出し機関が実質的に技能実習生の妊娠・出産を想定せず，技能実習生の労働力の側面ばかりを見ているためである。技能実習生は法的には日本人の労働者と同様に妊娠・出産の権利が保護され，産休などの法的権利を有する。しかし技能実習生は家族帯同の権利がないため，子どもが生まれても子どもと安定した暮らしを日本国内で送ることはできない。そればかりか，妊娠はむしろ技能実習生の「落ち度」「甘さ」として扱われる。妊娠した女性技能実習生にばかりその責任が問われる。中には妊娠した技能実習生が送出し機関や監理団体，受入れ企業などから妊娠を理由に叱責されたり，帰国や中絶を強要されたりする事例もある。

　妊娠・出産は胎児だけではなく，女性自身の生命にもかかわる。また「産む産まないは女が決める」という言葉を掲げ，女性たちは性・生殖の自己決定権を求め，たたかってきた歴史的経緯がある。だが技能実習生は性・生殖の権利を実質的に剥奪されている。だからこそ，技能実習生の女性たちは沈黙を強いられ，危険がありながらも医療機関を受診できず，ときに孤立出産に追い込まれる例さえある。さらにコロナウイルス感染流行以降，飛行機の運航が制限されたことで帰国することもできず，安全に妊娠・出産するという状況にない技能実習生が出てきた。

　その上，在留資格のないベトナム人女性の場合，①治安当局による逮捕・拘束・送還を恐れ医療機関の受診がしにくい，②同様の理由で母子手帳の取得がしにくいため妊婦健診の補助券を得にくい，③出産一時金の申請ができ

ないなど周産期医療へのアクセスが困難である。ベトナム大使館のチャーター便では高齢者や病気の人，妊婦などが優先搭乗できるが，希望者が多くなかなか順番が回ってこなかった。このため技能実習生など妊娠中の女性たちは日本で安全な妊娠・出産をすることも，帰国もできないという状況に陥った。

4 対抗的な公共圏と妊娠女性の支援

　ホアさんのケースはカトリック・コミュニティのベトナム人女性たちの支援により，日本国内での安全な出産が可能になったケースである。そこではベトナム人のシスターや信徒の女性たちが積極的に関与し，エスニックな紐帯，カトリック・コミュニティのネットワーク，インターネット，市民社会とがかかわりつつ，下位の対抗的公共圏が形成され，支援の進展を促した。

　1990年代半ばにベトナム北部で農業を営む両親のもとに生まれたベトナム人女性ホアさんは出身世帯の経済状況の改善のため，日本に技能実習生として行くことを決めた。そして仲介者に2,200万ドン（10万6,000円，1ドン0.0048円で換算），送出し機関には1億4,800万ドン（71万円），計1億7,000万ドン（81万6,000円）を支払った。ホアさんの家族はこのうち1億2,000万ドン（57万6,000円）を借金した。ホアさんがこれだけの大金を支払ったのは仲介者から「日本の会社は仕事が多く，月に17万～20万円の給料をもらえる」と言われたからだった。

　2018年に来日したホアさんは西日本の食品会社で働き始めたが，賃金は残業がない月は12万円程で，家賃と水光熱費が引かれ手取りは10万円程度だった。ベトナムで仲介者に言われていた金額の半分ほどしかない。手取り10万円から食費として月1万5,000～2万円を使い，残りは来日費用ためにできた借金返済にあてた。会社からの食事の補助はないため食事は自炊で，昼食はお弁当を作り職場に持っていった。またベトナム人技能実習生は仕事中，話をすることが禁じられた上，技能実習生が仕事でミスをすると，日本人からは「ベトナムに帰れ」と怒鳴られることもあった。彼女は寮の同僚との関

係にも苦しんだ。技能実習生の多くは寮での共同生活をしており，プライバシーがない。技能実習生という共通点があったとしても知らない者同士の共同生活となり，トラブルも生じやすい。

　賃金の低さや日本人従業員に怒鳴られること，寮生活の難しさなど，ホアさんにとって日本は希望通りの場所ではなかった。特にベトナムで言われていたよりも賃金が大幅に低いことが辛かった。しかし技能実習生は制度上，自由に会社を変えることができない。思いつめたホアさんはある日会社から出た。

　その後，ホアさんは日本に暮らすベトナム人男性と交際し，ある日妊娠したことに気づいた。しかしホアさんは在留期限が切れ，健康保険に加入していない状態であるほか，医療機関に行けば逮捕されるのではないかと恐れ，医療機関を受診できなかった。同時に新型コロナウイルス感染流行とそれに伴う移動制限によりベトナムへ帰国するための飛行機も限られ，帰国もできない状態に陥った。

　困り果てたホアさんはインターネットを通じてカトリック・コミュニティに連絡をとった。そしてカトリックの信徒のベトナム人女性ヒエンさんがホアさんの状況を Facebook を通じて聞き取り，日本人の支援者とも相談した。同時にヒエンさんはホアさんに入管に出頭するよう促すとともに，居住する自治体の市役所での母子手帳の取得をサポートした。さらには，受診できる病院も探し出した。

　ホアさんはこの時点で臨月間近だったことや入管手続きの時間もあり，ベトナム政府のチャーター便に乗ることができなかった。そこで，ヒエンさんはホアさんが出産できる病院を確保した。

　また健康保険に加入している場合，1児につき42万円の出産一時金が支給される。しかしホアさんは健康保険に加入していない。このため出産に当たり経済的な理由で医療機関に入院できない妊産婦を対象に費用を助成する入院助産制度の申請を支援した。ヒエンさんの度重なる自治体への要請が実を結び，ホアさんは無事に入院助産制度の対象となることができた。そして2021年4月に入り，病院で子どもを出産した。

　この期間，ヒエンさんはホアさんと何度も Facebook や対面で話し合いを
し，状況や本人の希望を把握した。また日本人の支援者，カトリック・コミ
ュニティとも密に連絡を取り合い，ホアさんの産後の生活や育児などについ
て情報を共有した。同時に病院や自治体の事務所を訪問し，度重なる交渉を
行い，ホアさんが安全に出産できる環境を構築した。

　しかし病院への付き添いは1日がかりとなった上，病院や自治体との交渉
や打ち合わせなどで相当の時間をとられた。カトリックの信徒であり，以前
からベトナム人コミュニティにおいて支援活動を行ってきたことで様々なネ
ットワークを持つヒエンさんだからこそできた支援であったが，その負担は
大変なものだったのである。

　このようにカトリック教会のシスターや信徒の女性たちは，①当事者への
聞き取り，②当事者との話し合い，③当事者の家族とのやり取り，④行政機
関や医療機関との交渉，⑤医療機関への付き添い，⑥カトリック・コミュニ
ティや支援組織・支援者との話し合い・連携といった幅広い活動を行ってい
る。カトリック教会の女性たちがかかわる支援の場は，社会文化的仲介者で
ある女性たち，ニューカマーのベトナム人女性，日本人の支援者が，ベトナ
ム語と日本語という2つの言語を用いつつ，話し合いを重ねるステージなの
である。

　さらに彼女たちが直接ではないものの，当事者が抱える課題が一定程度，
社会や行政に向けて発信されている。例えば，前述したベトナム人技能実習
生労働相談ホットラインや日常的な支援活動においてカトリック教会のシス
ターや信徒の女性たちは通訳者として関与する機会があり，日本の労働組合，
法律家，支援組織との関係を構築し，情報共有や話し合いが行われている。
またベトナム人技能実習生労働相談ホットラインを実施する外国人技能実習
生権利ネットワークは移住者と連帯する全国ネットワーク（移住連）が主導
する省庁交渉に参加し，ベトナム人を含む移住者を取り巻く課題を行政に伝
え，状況改善を求めている。

　一方，徐が指摘するように在日朝鮮人女性たちがコミュニティ内で時間を
かけ連携しながら討議を重ね社会運動を展開してきたのに対し，ベトナム人

女性の支援活動は滞日歴が長く日本語の堪能なカトリック教会のシスターや信徒の女性たちが社会文化的仲介者，あるいは支援者としてニューカマーの技能実習生などの女性たちを支援するという非対称な関係である。ただし，支援活動において，社会文化的仲介者であるカトリック教会のシスターや信徒の女性たちが被支援者である女性たちの希望や意思を確認することや双方が話し合いをすることは行われている。特に妊娠中の女性の支援では，どこで出産をするのかといった本人の希望や在留資格，経済状況など社会文化的仲介者の女性たちが聞き取り，できるだけ当事者の希望にそった支援を行うための取り組みが展開されている。また在日朝鮮人女性たちに比べて，ベトナム人女性たちの活動はまだまだ歴史が短く，その活動も限定的である。しかしベトナム人女性たちは活動を通じ，発言することが難しい技能実習生や在留資格を持たないベトナム人女性たちの声を拾い，それを主流社会に投げかけていると言える。

　このような活動はFacebookを通じたオンラインでの聞き取りや話し合いが多くを占めることやベトナム語が使用されることもあり，日本の主流社会からは不可視化され十分に評価されているとはいいがたい。

おわりに

　本章はコロナウイルス感染流行という特別な事態における妊娠中のベトナム人女性に対する支援活動をとりあげ，エスニックな紐帯やカトリック・コミュニティのネットワーク，インターネット技術を下位の対抗的な公共圏が形成され，それが支援活動において重要な役目を果たしていることを示した。下位の対抗的な公共圏におけるベトナム人シスターや信徒の女性たちによる支援活動は，社会的に孤立して沈黙を強いられてきた女性たちの安全な妊娠・出産の実現を後押ししている。

　日本社会において言語などの面でマイノリティであるベトナム人コミュニティだが，その内部では積極的な同胞支援が実施されている。移住者自身が自身の文化資本や社会関係資本を動員し，日本社会と課題を抱える当事者と

をつなぐ有機的な活動が展開されていることは，「弱者」としてみられがちな移民集団の主体的な側面を提示している。

　ただし，母子の命にかかわる妊娠・出産をめぐる問題において，本来は在留資格の種別，あるいは在留資格の有無にかかわらず，女性たちを公的にサポートする必要がある。技能実習生や在留資格のない女性たちは安全な妊娠・出産から排除されている。妊婦健診も受けられず，出産できる病院も確保することができない女性たちは社会的に孤立しているだけではなく，母子の生命のリスクさえ背負わされている。このような公的支援の欠落状態を発端とする妊娠女性の問題の解決を，ベトナム人女性たちが関与する下位の対抗的な公共圏が代替しているとも言える。

［日本語参考文献］
巣内尚子（2019）『奴隷労働―ベトナム人技能実習生の実態』花伝社。
巣内尚子（2020a）「移住インフラにおける債務労働とジェンダー―日本と台湾のベトナム人労働者の事例から」『経済社会とジェンダー：日本フェミニスト経済学会誌』5。
巣内尚子（2020b）「ベトナム人女性技能実習生と妊娠をめぐる課題：コロナ，継続する性の管理，奪われる権利」『F visions：世界が見えるフェミニスト情報誌』2（特集 コロナ禍とジェンダー）。
関根政美（1996）「エスニシティの社会学」『国際社会学』（第2版）（梶田孝道編，名古屋大学出版会）。
徐阿貴（2012）『在日朝鮮人女性による「下位の対抗的な公共圏」の形成―大阪の夜間中学を核とした運動』御茶の水書房。
園部裕子（2007）「女性仲介者の語りにみるフランスの移民政策の変容」『香川大学経済論叢』80（2）。
園部裕子（2014）フランスの西アフリカ出身移住女性の日常的実践」『「社会・文化的仲介」による「自立」と「連帯」の位相』明石書店。
樽本英樹（2016）『よくわかる国際社会学』（第2版）ミネルヴァ書房。
Habermas, J. (1990) The Structural Transformation of the Public Sphere: An Inquiry into a Category of Bourgeois Society 2nd ed (trans. Thomas Burger with Frederick Lawrence).『第2版 公共性の構造転換―市民社会の一カテゴリーについての探求』（細谷貞雄・山田正行訳，未来社，1994）。
Fraser, N. (1992) Rethinking the Public Sphere: A Contribution to the Critique of Actually Existing Democracy in Herbermas and the Public Sphere (ed. Calhoun, C., MIT Press, 1992).「公共圏の再考―既存の民主主義の批判のた

めに」『ハーバマスと公共圏』（山本啓・新田滋訳，未來社，1999）。

法務省（2021）令和2年末現在における在留外国人数について。
[https://www.moj.go.jp/isa/publications/press/13_00014.html]（2023年1月24日
閲覧）。

［英語参考文献］

Xiang, B., and J. Lindquist (2014) Migration Infrastructure, International
Migration Review 48(S1)。

　本章は，巣内尚子（2021）「インターネットと移住女性と対抗的な公共圏―ベトナ
ム人カトリック・コミュニティによる妊娠女性の支援を事例に―」『日本の科学者』
vol.56を若干修正したものである。

第**6**章

韓国江原道における外国人労働者・住民の現況と支援システム

佐野　孝治

はじめに

　アジア地域では，近年，経済成長と少子高齢化に伴い，「外国人労働者争奪競争時代」に突入している。日本では，2019年4月から改正出入国管理法を施行し，「特定技能1号」と「特定技能2号」の在留資格を新設するとともに，出入国在留管理庁を設けた。また2018年には，「外国人材を適正に受入れ，共生社会の実現を図ることにより，日本人と外国人が安心して安全に暮らせる社会の実現に寄与するという目的を達成する[1]」ために「外国人材の受入れ・共生のための総合的対応策」を策定した。

　他方，韓国では，2004年に「雇用許可制」を導入し，外国人労働者政策の大転換を行った。続いて2007年には，「研修就業制度」を廃止し，「外国国籍同胞訪問就業制」，「在韓外国人処遇基本法」を施行した。さらに2008年には結婚移民者とその家族で構成される多文化家族を支援するため「多文化家族支援法」を策定し，2018年からは「第3次多文化家族政策基本計画[2]」を実施している。このように韓国は2000年代前半から雇用許可制や統合政策など

（1）　外国人材の受入れ・共生に関する関係閣僚会議（2020）「外国人材の受入れ・共生のための総合的対応策（令和2年度改訂）」。
（2）　女性家族部（2018）「第3次多文化家族政策基本計画」。

の面で日本よりも速いスピードで制度革新を進めている。[3]これらの政策は韓国の経済・社会に対してプラス・マイナス両面の影響を与えており，この韓国の経験を，日本の外国人受入れ政策，多文化共生政策に活かすことができると考える。

　先行研究を見ると，日韓共に，韓国の移民政策，統合政策に関心が移ってきている。日本では，佐野孝治（2010〜2020），宣元錫（2019），春木育美（2014），高安雄一（2019），木村幹（2014），有田伸他編（2016），金兌恩（2016），金愛慶・馬兪貞・李善姫他（2016）などを挙げることができる。韓国では，金泰煥（2015），韓国移民財団（2016），カンドングァン（2016）など多くの研究蓄積がある。

　しかし，京畿道や安山市など外国人の集住地域に関心が集まり，江原道のような外国人が少ない地域については，金ウンスク（2010），韓国銀行江原本部（2019）など研究が少ない。特に，日本ではほとんど行われていない。

　今後，日韓両国ともに，少子高齢化が深刻化する中で，これまで外国人が少なかった地方においても，外国人の受入れが加速すると考えられる。しかし，地方の受入れ態勢は，財政的にも，人的にも，ノウハウ的にも不十分である。現在，外国人の受入れ先進地域である韓国の地方部（江原道）と日本の東北地域を比較しながら，現状と課題を明らかにし，国，地方自治体，NPO，企業などと連携した総合的プランを策定することを課題として調査研究を進めているが，本章では，その前提として，韓国江原道における地方自治団体の関係部署，関係機関，支援団体などへのインタビュー調査を行い，韓国江原道における外国人住民の現状と支援団体の現状と課題を明らかにする。

　筆者がインタビューした調査先は以下のとおりである。

①江原道庁女性青少年家族課多文化家族担当（江原道春川市，2019年12月4日）。

（3）　佐野孝治（2017）「韓国の『雇用許可制』にみる日本へのインプリケーション」『日本政策金融公庫論集』第36号，参照。

②春川市庁多文化家族課（江原道春川市，2019年12月4日）。

③原州市健康家庭・多文化家族支援センター（江原道原州市，2019年12月5日）。

④雇用労働部江原雇用労働支庁（江原道春川市，2019年12月4日）。

⑤江原道庁農政課（江原道春川市，2019年12月4日）。

⑥(社)共にする共同体（함께하는 공동체）（江原道原州市，2019年12月5日）。

　本章では，江原道における多文化家族と外国人労働者について，それぞれ取り上げ考察する。1節では，韓国及び江原道における外国人住民の現状を概観した後に，多文化家族関連機関へのインタビュー調査に基づいて，江原道における多文化家族政策と支援の特徴について明らかにする。2節では，韓国及び江原道における外国人労働者の現状を概観した後に，外国人労働者関連機関へのインタビュー調査に基づいて，江原道における外国人労働者の特徴と課題について明らかにする。

1　江原道における外国人住民の現状と支援システム
―多文化家族を中心に―

　本節では，まず，韓国及び江原道における外国人住民の現状を概観する。次に，江原道庁女性青少年家族課多文化家族担当，春川市庁多文化家族課，原州市健康家庭・多文化家族支援センターへのインタビュー調査に基づいて，江原道における多文化家族政策と支援の特徴について明らかにする。

（1）韓国及び江原道における外国人住民の現状
1）江原道の概要[(4)]

　江原道は朝鮮半島の中央部東側，韓国の北東部に位置し，北朝鮮と軍事境界線（38度線）で接している。休戦ライン以内の面積は16,875km^{2}で，韓国

（4）　江原道庁「江原道の紹介」（http://www.provin.gangwon.kr，2022年12月18日最終アクセス）。

図 1　江原道の地図

出所：https://www.konest.com/。

全体の16.8％に相当する。林野が81.7％，農地が8.7％を占め，自然豊かな地域である。韓国で最も寒さが厳しく，北海道や長野県と似た気候であり，2018年には平昌冬季オリンピックが開催された。2022年11月の登録人口は153.7万人で，2017年から緩やかな減少傾向にある。高齢化率は22.7％である。江原道庁がある春川市，原州市，江陵市など7市11郡からなる（図1参照）。2020年の地域内総生産（GRDP）は48兆6,570億ウォンであり，原州市を除けば製造業は全国と比べても低水準であるが，主な産業は食料品製造業，非金属鉱物製品製造業，自動車製造業などがある。その他，農業（畑作），観光業などがある。(5)

2）韓国における外国人住民の現状

　行政安全部（2022）『地方自治体外国人住民現況』によれば，2021年11月1日現在，韓国の外国人住民数は213.5万人で，総人口に占める外国人住民の割合は4.1％である。2015年と比較すると77.1万人増加し，割合は0.7ポイント上昇した。類型別では，韓国国籍を持たない者165万人（77.3％），韓国国籍取得者21.1万人（9.9％），外国人住民の子女（出生）27.4万人（12.8％）で

（5）　江原統計情報（http://stat.gwd.go.kr，2022年12月18日最終アクセス）。

138

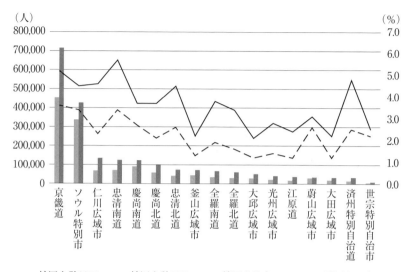

図2　韓国の市・道別外国人数及び外国人比率

注：各年とも11月1日現在。
出所：行政安全部（2016，2022）『地方自治体外国人住民現況（2015，2021）』より作成。

ある。性別では，男性51.1％，女性48.9％である。

　市・道別にみると，首都圏の京畿道71.4万人（構成比33.4％），ソウル特別市42.7万人（20.0％）に集中している。総人口に占める外国人住民の割合は忠清南道5.7％，京畿道5.2％，済州特別自治道4.8％の順である（図2参照）。外国人が集住している市は，安山市9.5万人（13.2％），始興市6.5万人（11.7％）などがある。[6]

3）江原道における外国人住民の現状

　江原道の外国人住民数は2021年11月1日現在，3万7,230人で，人口に占める外国人住民の割合は2.4％である。2015年と比較すると，人数，割合と

（6）　行政安全部（2022）『2021　地方自治体外国人住民現況』。

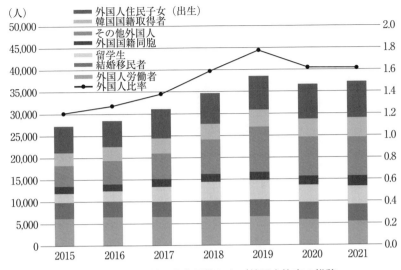

図3　江原道の外国人住民数および外国人比率の推移

注：各年とも11月1日現在。外国人比率は，韓国国籍取得者及び外国人住民子女を
　　除く。
出所：行政安全部（各年）『地方自治体外国人住民現況』より作成。

もに1.4倍に増加しているが，近年は，コロナ禍のため減少し，横ばいとな
っている。また，全国と比較すると，外国人住民数も少なく，割合も低い。
性別では，男性46.5％，女性53.5％であり，全国に比べ若干女性の割合が高い。

　類型別では，韓国国籍を持たない者2万4,582人（66.0％），韓国国籍取得
者4,367人（11.7％），外国人住民の子女（出生）8,281人（22.2％）である。韓
国国籍を持たない者の内訳は，外国人労働者5,398人（14.5％），留学生4,131
人（11.1％），結婚移民者3,868人（10.4％），外国国籍同胞2,312人（6.2％），そ
の他外国人8,873人（23.8％）となっている（図3参照）。全国と比較すると，
外国人労働者と外国国籍同胞の割合が低く，逆に，外国人住民の子女，結婚
移民者，留学生の割合が高くなっている（図4参照）。春川市は大学が多い
こともあり，留学生が集中している。

　次に，韓国国籍を持たない者の国籍別では，ベトナム5,223人（21.2％）が
最も多く，次いで，タイ4,023人（16.4％），中国2,492人（10.1％），韓国系中

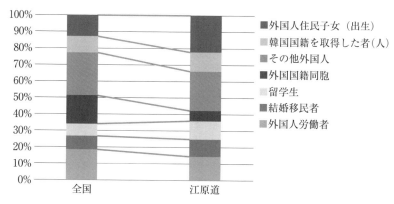

図4　全国と江原道の外国人住民の類型別比較（2021年）
注：2021年11月1日現在。
出所：行政安全部（2022）『地方自治体外国人住民現況（2021）』より作成。

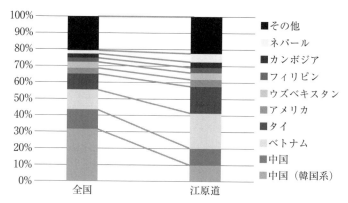

図5　全国と江原道における外国人住民の国籍別比較（2021年）
注：2021年11月1日現在。韓国国籍取得者及び外国人住民子女は含まない。
出所：行政安全部（2022）『地方自治体外国人住民現況（2021）』より作成。

国人2,412人（9.8％）の順である。外国人労働者はネパール，結婚移民者は
ベトナムが多い。全国平均と比較すると韓国系中国人と中国人の割合が低く，
逆に，ベトナム，タイの割合が高くなっている（図5参照）。

　在留期間では，3年〜4年未満が19.6％と最も多く，次いで2年〜3年未
満が18.1％となっている。2019年では，1年未満が21.8％と最多であったが，

表 1　江原道における在留期間別外国人数（単位：人，％）

	合計	割合	外国人労働者	割合	結婚移民者	割合	留学生	割合	外国国籍同胞	割合	その他外国人	割合
合計	24,582	100.0	5,398	100.0	3,868	100.0	4,131	100.0	2,312	100.0	8,873	100.0
1 年未満	2,740	11.1	671	12.4	173	4.5	1,082	26.2	183	7.9	631	7.1
1 年〜2 年未満	2,289	9.3	456	8.4	327	8.5	481	11.6	99	4.3	926	10.4
2 年〜3 年未満	4,445	18.1	1,098	20.3	408	10.5	555	13.4	172	7.4	2,212	24.9
3 年〜4 年未満	4,809	19.6	963	17.8	340	8.8	1,050	25.4	237	10.3	2,219	25.0
4 年〜5 年未満	2,869	11.7	803	14.9	260	6.7	508	12.3	209	9.0	1,089	12.3
5 年〜10年未満	4,528	18.4	1,129	20.9	895	23.1	428	10.4	852	36.9	1,224	13.8
10年以上	2,901	11.8	277	5.1	1,465	37.9	27	0.7	560	24.2	572	6.4

出所：行政安全部（2022）『地方自治体外国人住民現況（2021）』より作成。

コロナ禍により入国できなかったことにより割合を低下させている。また，外国人労働者と留学生は制度的にも在留期間が短い。他方，結婚移民者は10年以上37.9％，5 年〜10年未満23.1％と在留期間が長い（表 1 参照）。

　市・郡別では，原州市が7,324人（構成比19.0％）と最も多く，次いで，道都である春川市が7,156人（同18.6％），江陵市4,567人（11.9％）の順であり，三都市に集中している。外国人比率は，高城郡が6.8％と高いが，他の市・郡は 2 〜 3 ％と低い水準である（図 6 参照）。

（2）江原道庁女性青少年家族課多文化家族担当[7]

1 ）概　要

　江原道の多文化家族は2017年度，約7,500世帯，2018年は7,915世帯，約 2万7,000人である。国籍別では，朝鮮族を含む中国が最も多く，次にフィリ

（7）　2019年12月 4 日インタビュー，江原道春川市。

142

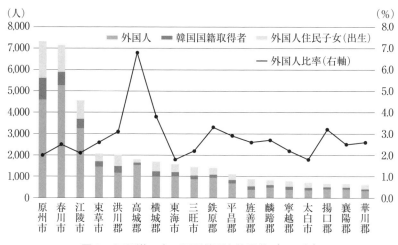

図6　江原道の市・郡別外国人住民数（2021年）

注：2021年11月1日現在。外国人比率に，韓国国籍取得者及び外国人住民子女を含む。
出所：行政安全部（2022）『地方自治体外国人住民現況（2021)』より作成。

写真1　江原道庁
出所：筆者撮影。

ピン，続いてベトナムの順である。最近では，ベトナムが増加している。またセンターに「自助会」という国別の小規模のグループがある。

　江原道庁女性青少年家族課は健康家庭，多文化家族を担当している。多文化家族担当職員は，広域担当者2人，市郡の専任担当者1人であり，係長が多くの仕事を担当している。

　政府，道，市の役割分担は，政府が予算の50％，江原道が10％，市・郡自治体が40％を支出する。道庁の予算規模は56億ウォン（約5.6億円）である。多文化家族地方センターは市の担当である。政府が事業指針を示し，市・郡に予算を与えて多文化センターを運営している。運営状況を年に1度，市郡，

道，政府が予算管理を中心にモニタリングしている。必要によって随時行う場合もある。

2）江原道における多文化家族の課題について

多文化家族がますます増加するにつれて問題点も増えている。例えば，家庭の中での対立，離婚などの問題，第1世代の子どもたちが軍隊に行く年齢になって発生する問題，学校に適応できず学校を中退する問題などの相談が多く寄せられている。初期には移住民の定着に焦点を合わせていたが，現在は，社会的に発生する問題等に対する対策が重視されている。

3）多文化家族支援政策と主な事業

主な事業内容は，多文化家族，韓国語，家族教育，問題家族相談，通訳翻訳，子どもサポートなどの総合プログラム，就業や韓国語の学習のための検定試験，家族のためのヒーリングキャンプ，合唱団運営，母国に一時帰国するプログラム，バイリンガルを可能にするサポートなどであり，ケースワーカーが常駐している（表2参照）。

2019年に，「2019年変わる多文化家族政策[8]」を出し，新規事業を4件提案したが，予算審議の結果，1件以外はすべて削減された。予算の優先順位で後回しにされる傾向がある。新しい政策を毎年実施したいが簡単ではない。2020年に決まった1つの事業は，初めて韓国へ来た移住民と既に定着している移住民たちとを連結させて，メンタリング関係を形成する事業である。メンターを依頼する移民にお金を支払う事業だが，予算はそれほど多くない。計画の途中で，予算だけ措置したが，まだ実質的に決まっていない。18の市・郡に71グループあり，5グループ当たり1人ずつメンターを依頼する予定である。メンターに教材費や交通費を数万ウォン程度（数千円）支払う。遂行機関に尋ねた結果，移住民が初めて来た際に，日常生活のちょっとした部分も大変だという話になり，この事業ができた。

（8）　江原道（2019c）「2019年　変化する江原道多文化家族政策」。

表2　江原道における多文化家族支援プログラム

区分		支援プログラム	江原道庁	春川市庁	原州市健康家庭・多文化家族支援センター
健康家族支援	1	健康家庭・多文化家族支援統合サービス支援	○	○	○
	2	江原道・多文化家族支援拠点センター運営	○		○
	3	健康家庭・多文化家族支援センター運営	○		○
	4	健康家庭・多文化家族支援センター機能補強事業	○		
	5	脆弱・危機家族支援事業	○		○
	6	江原道子供ケアサポート拠点機関運営	○	○	○
	7	子供ケアサポート支援事業	○		○
	8	共同育児分かち合い場運営支援	○		○
	9	家族親和認証	○		○
	10	健康家族文化拡散事業支援	○		
一人親家族支援	1	低所得の片親家族生活安定支援	○	○	○
	2	片親家族の子供教育費支援	○	○	○
	3	片親家族の児童養育費等支援	○	○	○
	4	青少年片親自立支援事業	○	○	○
	5	圏域別未婚母・父拠点機関運営	○		
	6	片親家族福祉施設支援	○		
	7	片親家族の共同生活家庭形成支援	○		
多文化家族行事支援	1	多文化家族支援ネットワーク構築	○		
	2	江原道外国人住民及び多文化家族支援協議会	○		
	3	世界人の日記念行事開催	○		○
	4	多文化家族国内有名地探訪事業	○	○	○
多文化家族支援	1	結婚移民者就業教育	○		○
	2	結婚移民者検定試験教育事業	○		
	3	多文化家族子供ハングル学習資支援	○	○	○
	4	多文化家族ヒーリングキャンプ	○	○	○
	5	多文化家族合唱団運営	○	○	○
	6	多文化家族母国訪問事業	○		
	7	多文化感受性涵養及び理解プログラム	○		○
	8	多文化家族訪問教育事業	○		
	9	多文化家族通訳翻訳サポート支援	○	○	○
	10	多文化家族子供言語発達支援	○	○	○
	11	多文化家族二重言語家族環境造成事業	○	○	○
	12	多文化家族事例管理者事業	○	○	○
	13	多文化家族韓国語教育所運営	○	○	○
	14	多文化交流疎通空間設置	○		
結婚仲介業管理	1	結婚仲介業所の申告及び管理監督	○	○	

出所：江原道庁多文化家族チーム提供資料およびヒアリングにより作成。

多文化家族の実態把握のためのアンケート調査を江原道が自主的にすることはなく，女性家族部が年に1回，意見を受けて政策に反映することはある。

4）市・郡及び多文化センターなど他機関との連携について

　第1に，市・郡との連携について，韓国はピラミッド形式になっており，多文化家族支援で春川市や原州市などと，行政が重複されることはない。市・郡とは人的ネットワークはあまりない。江原道の中で，一番活発な自治体は原州市ではないかと思う。

　第2に，江原道庁と多文化センターと関係について，中央政府女性家族部，道が中間にあって，基礎市郡があって委託で遂行機関である多文化センターがある。公務員就業制限があって，連携している所に就業をすることはできない。公務員と民間の職員の区別を明確にしているので人的交流は不可能である。ただし，襄陽郡のように委託をしないで，市郡が自主的に運営する特殊な場合もある。

　第3に，多文化教育センターと教育庁との連携について，道庁の中に支援協議会があって江原道の教育庁も入っている。逆に，女性青少年家族課の課長が道教育庁の委員として一緒に参加する場合もある。

　第4に，外国人が少ない地域で，多文化家族支援と外国人労働者支援が分離していることについては，課題としてとらえている。人口対比を考えると，江原道は疎外されている面はある。また多文化家族事業は優先順位で後回しにされる場合がある。

　第5に，外国人季節労働者については，農業部署で担当しているから具体的には分からない。外国人労働者たちがセンターで韓国語教育を受けることは可能であるが，実際に参加しているかどうかは分からない。

5）江原道道民の外国人に対する意識について

　徐々に多文化家族が増加するにつれて，韓国人たちの認識改善が重要になっている。以前より良くなったが，まだ多文化家族の受入れに対する認識が不足しているので，家庭内暴力など多くの問題が発生している。これらの問

題は江原道だけではなく，韓国全体の問題である。若者層は正確には分からないが，多文化家族に対して拒否感があまりないようである。

また，逆差別と言う批判もあり，難しい部分がある。特に，低所得層の人々から，同じ大韓民国国民なのにどうして多文化家族だけを支援をしているのかと批判が出ている。

ただし，人口減少，地方消滅現象に対しては，多文化家族は非常に役に立つ部分がある。日本のように韓国も多文化家族の受入れに進むしかない状況である。

写真2　春川市庁多文化家族課
出所：筆者撮影。

（3）春川市庁多文化家族課[9]

1）春川市における多文化家族の状況

春川市の多文化家族数は1,123人で，結婚移民者608人，韓国国籍取得者515人である。

国籍別では，38カ国の中で中国（394人）が一番多い。その次ベトナム（288人），フィリピン（117人），日本（78人），カンボジア（70人）の順である。中国，ベトナム，フィリピン，カンボジアは国際結婚で，日本人は，正確な把握はできないが，統一教会関連の移住者が多いようである。留学に来て結婚したケースもあって多様である。外国人男性が韓国人女性と結婚して移住したり，海外で出会って結婚したりするケースもあるが，数は少ない。韓国では外国人女性と結婚することに対して偏見があり，国際結婚する人々の中に離婚も多くなっている。特にベトナム人は国籍取得後，離婚してベトナム人と再婚するケースもある。国際結婚は，過去は多かった

（9）　2019年12月4日インタビュー，江原道春川市。

が，現在は減る傾向にある。他方，外国人労働者は増加傾向にある。

　結婚移民者たちのコミュニティとして自助会がある。多文化関連予算が多い時は行政が管理をしたが，現在は自主的に行っている。SNSによる情報発信については，センター通訳・翻訳担当者（ベトナム，カンボジア，中国，ロシア）がFacebookやKakao talkなどでセンター活動を紹介している。

　国際結婚の子供の年齢帯は統計で詳しく見ることが出来ないが，小学生高学年と中学生が多いようである。多くは韓国で生まれて韓国語も問題ないように見える。ただし，母親の影響で言語的な問題がある子供もいる。

　多文化家族課では，結婚して韓国で定着する移住女性たちを担当し，外国人労働者は担当外である。女性，多文化，青少年などを担当しており忙しい。市役所職員は全部で1,500名程度であるが，パートタイムで住民登録，証明書などの業務を担当している多文化家族の方もいる。春川市では結婚移住女性たちの韓国語教育を，法務部と女性家族部でそれぞれ主管しているが，法務部で実施するのがメインになる場合が多い。

　韓国へ来てからどのくらいの期間で韓国国籍を取得するかは，人によって異なる。早い場合は2年位だが，ますます国籍の取得が難しくなっている。言語の問題が解決すれば，国籍取得が容易である。生活環境が厳しくて，ケアができなかったり，学校でのいじめなどの問題があったりで，言語習得ができない場合もあるが，そのようなケースは珍しい。

2）春川市の多文化家族支援事業について

　春川市では，多文化家族の安定した定住と家庭生活を支援することを目的として，家族や子供の教育，カウンセリング，翻訳，情報，能力構築支援を含む包括的なサービスを提供し，多文化家族が韓国社会に早期に適応し，社会的，経済的自立を支援する事業を行っている[10]。

　多文化家族支援事業は，市長の方針によって変わる場合もある。市長によ

---

(10)　春川市庁ウェブサイト（http://www.chuncheon.go.kr）「多文化家族の状態」。

148

って予算が多い時[11]も，少ない時もある。2019年の予算は9.9億ウォンである。女性家族部からの事業は春川市でもほとんど実施している。実際の運営は春川市健康家族・多文化家族支援センターで行っている。春川市が自主的に実施する事業としては，子どもの訪問ケア事業，母親の故郷訪問事業，体育大会などがある。

　第1に，子どもの訪問ケア事業は，予算は1.6億ウォン（約1,600万円）であり，2018年までは，春川市が100％支出していたが，2019年からは江原道から20％，春川市が80％支出している。先生は11人で1人当たり最大4世帯を担当している。費用は1人当たり96,000ウォン程度。正規職ではないので給与は少ない。2019年から江原道から交通費が支給されている。

　第2に，母親の故郷訪問事業は優秀家庭を選抜する。条件は春川市居住期間，子供の数，低所得層など点数で換算する。予算は，1年に2,000万ウォン程度，毎年平均7，8家族を選ぶ。参加できなかった人を優先にするために，一度行った場合は10年間位，期間を置く。外国人移住者の数は春川市全体の人口で見れば少ないので，優先順位の滞る場合はあまりない。春川の多文化家族政策や事業の中で一番うまくいっているのは故郷訪問事業である。江原道では1名だけで，春川市が自主的にする母国訪問は人数が多い。故郷訪問は春川市が自主的に実施しているが，全国の多くの市でも実施されている。

　第3に，2019年の体育大会は300人の参加を予想していたが週末に開催したので，500人参加した。2020年には600人位の参加を予想している。結婚移民者たちはスポーツを好み，賞品も多いので，多くの国籍の外国人が参加する。国別にすると競争が激しくなるので，2019年は国を交ぜて4チームに分けて実施した。

　第4に，結婚移住女性の自負心を高めるため，保育所（子供の家）や幼稚園を訪問して各国の紹介をする事業もしている。

　最後に，移住定着女性が新規移住女性たちのためにメンタリング事業を，

---

(11)　前々の市長の場合10億ウォン以上であった。

2020年度から江原道で実施する予定である。センターと懇談会をしながら，課題を調査した結果，このメンタリング事業を構想し，私たちが提案をした。

3）江原道及び多文化センターなど他機関との連携について
第1に，江原道，市，センターなどとの協議会は1年に数回実施している。道と市のそれぞれに教育庁があるので，道と市は別々に開催している。市では1年に1回程度である。各機関，教育庁，出入国管理所，多文化センター，多文化家族が集まって開催している。

第2に，道と市は，年末に教育庁，雇用安定支援センターなどで集まって，研修を受ける。名目は雇用安定支援だが，結婚移住女性，多文化家族を対象としており，外国人労働者は対象外である。移住者，労働者を統合的に管理・支援するのは難しいようである。女性家族部と法務部が統合しなければならないが，うまくできないから，市が自主的に実施する部分がある。ただし，春川市では，市役所が積極的に統合政策をする必要性はまだない。

第3に，多文化家族センターとは運営委員会が1年に4回程度ある。日常の情報共有は電話などで随時行っている。政策の決定はセンターが独自的にすることもある。江原ランド財団が支援する事業もある。センター長や職員はセンターで直接選ぶが，面接などには春川市役所職員も参加する。

4）春川市民の外国人移住者に対する認識について
春川市民の外国人移住者に対する認識はそれほど良くない。それを改善するために市が独自にホームページや映像物を作成し，市民や公務員を対象に多文化認識を改善する教育事業を計画・実施している。

（4）原州市健康家庭・多文化家族支援センター[12]
1）原州市における多文化家族の状況
原州市の結婚移民者は2018年11月1日現在，1,522人，国籍未取得者704人，

（12）　2019年12月5日インタビュー，江原道原州市。

写真3　原州市健康家庭・多文化家族支援セ
　　　　ンター外観

出所：筆者撮影。

国籍取得者818人である。以前は，中国が多かったが，今は朝鮮族を除けばベトナムが一番多く，次に中国，フィリピン，日本，カンボジアの順である。性別は女性1,331人，男性191人である（表3参照）。入国しても，皆がセンターを利用するわけではない。結婚移民者センターの会員登録者は2018年まで1,214人で，2019年の新会員は87人，合計1,301人が登録されている。

　2014年以降，新規の結婚移民者数は80％程度減少した。以前はベトナムやフィリピンから結婚仲介業者を通じて入国していたが，今は，ロシア，カザフスタン，ウズベキスタンの高麗人に対する入国が緩和されたため，高麗人3世，4世などの入国者が増えている。ウズベキスタンなどは高麗人が全部ではないが，割合が高くなっている。

2）原州市健康家庭・多文化家族支援センターの多文化家族支援プログラム

　当センターは2006年結婚移民者センターとしてスタート，2012年健康家庭支援センターを受託，類似事業機関は統合をするようにという政府方針によって，2016年に保健家族支援センターと多文化家族支援センターが，「原州市健康家族・多文化家族支援センター」として選定され，統合された。支援

(13)　ソビエト連邦崩壊後の独立国家共同体（CIS）諸国の国籍を持つ朝鮮民族。

プログラムが多様になり，利用者たちは喜んでいる。2018年には家族月間女性・家族大臣賞を受賞した。

　職員29人，センター長は非常勤であり，事務局長がセンター長を代行している。通訳・翻訳者3人，二重言語コーチ1人は毎日出勤しているが，正規雇用ではない。韓国語講師は6人で1年ごとに勤労契約を結んでいる。結婚移民を4人採用している。拠点機関と江原道庁は連携して仕事をするので，道庁の近くで仕事をしているスタッフもいる。センターの予算規模は，正確ではないが48億ウォン程度で，40億ウォンは子供ケア事業に使われている。

　当センターでは，以下の多文化家族を対象とするプログラムを実施している。

　第1に，家族関係として，以下のプログラムがある。

①親の役割支援，生涯周期別の親教育，初等親教育，訪問親教育。

②夫婦の役割支援，夫婦の関係向上，集団相談。カウンセラーが直接家庭に訪問したり，センターに相談者が尋ねて来たりもする。夫婦の日を記念するために多様な文化行事も実施している。夫婦写真撮影もあって，多くの参加者がいて，満足度も高い。

③離婚前後の家族支援。

④多文化家族の関係向上支援，性平等教育，人権教育，韓国では義理の親との葛藤が多いが，三世代が一緒に参加することができるヒーリングキャンプを実施している。

⑤多文化家族の二重言語環境づくり，親子の相互作用，親コーチング，二重言語活用プログラム，家族コーチ

写真4　原州市健康家庭・多文化家族支援センター施設内

出所：筆者撮影。

----

(14)　1回2時間当り5万ウォン。

表3　江原道原州市の性別・国籍別多文化家族の状況（2018年11月1日基準）

区分	合計	性別		国籍別													
		男	女	中国	中国（韓国系）	ベトナム	フィリピン	日本	カンボジア	台湾	タイ	アメリカ	ロシア	モンゴル	中央アジア	西南アジア	その他
結婚移民者	704	103	601	125	95	181	71	62	19	9	31	33	0	12	21	6	14
韓国国籍取得者	818	88	730	108	247	240	84	6	25	37	6	0	28	12	12	0	0
合計	1,522	191	1,331	233	342	421	155	68	44	46	37	33	28	24	33	6	14

出所：原州市健康家庭・多文化家族支援センター提供資料。

　ング。二重言語を受入れられる子供は大丈夫だが，そうではない子供言語能力が低い傾向がある。こういう子供が習得することができるように1週間に2回のプログラムを実施している。小学校の子供たちの未来設計，同じ年齢との関係。集団プログラムをしながら1対1心理治療も併行している。言語英才，グローバル英才に対する関心が高くなっていて，家庭中でどのように親と子供が相互的に二重言語を活用することができるのかについて指導している。

⑥多文化家族子供の成長支援，子供がいる家庭に対して妊娠，出産，幼児期，児童期など5カ月ずつこれも1対1でサービスする。特に初出産の際，離乳食などのサポートを行う。他に，危機事例支援，社会性発達プログラム，未来設計プログラム，親子関係向上プログラムなどがある。

⑦家族相談，多文化相談。

　多文化家族の複雑な問題，心理的な問題についてセンターに助けを求める人のためにケースワークを実施している。カウンセラーが直接家庭に訪問したり，センターで相談を受け付けたりしている。

　第2に，家族ケアとして，以下のプログラムがある。

①家族力量強化支援，多文化家族事例管理。

②多文化家族訪問教育サービス，韓国語教育，親教育，子供生活サービス，学習に対する助言，夫は年上で結婚移民者は韓国の教育に対して無知な

ので，友達関係，学校生活などについてアドバイスを行う。

③多文化家族子供言語発達支援，評価，言語授業，親相談。

④多文化家族子供のハングル学習帳支援。

⑤一人親の買入賃貸住宅居住支援。

第3に，家族生活支援として，以下のプログラムがある。

①共稼ぎ家庭仕事と家庭の両立支援。

②多文化家族初期定着支援，韓国語教育支援，料理教室，ウェルサウンド合唱団，結婚移民者就業支援，専門的な仕事ができるように運転免許証，ハングル検定，コンピューター資格，バリスタ，ソムリエなどニーズに応じた職業教育を行っている。センターに登録すれば，定着のために韓国語教育サービスを提供する。センターでの韓国語教室と家庭派遣1対1教育がある。

③結婚移民者，通訳・翻訳支援。家族内でのコミュニケーション，公的機関での通訳支援，家族を招請する際の書類の翻訳に対する支援，センターに常駐している中国，ベトナム，フィリピン以外の通訳が必要な時は近隣のセンターや全国センターに手助けを要請し，1週間以内に回答を受けることができるようになっている。

④地域特化，基礎生活会話クラス，幸せな食卓。

第4に，家族と一緒にする地域共同体として，以下のプログラムがある。

①自助会（中国，フィリピン，ベトナム），多文化家族ボランティアグループ，子ども養育の悩みや意見交換や食べ物共有，各国別代表たちと毎月会議している。苦情や問題点を把握，サービス内容を把握し，広報形式で実施している。

②共同育児交換の場，親子相互作用プログラム，夏休み・冬休み中の子供ケア。

③家族愛の日，毎週水曜日は家族と一緒にいる時間に設定し，家族単位で一緒にできるプログラム，家族単位で遊びに行くプログラムを実施している。

④結婚移民者定着段階別サポートパッケージ。

⑤認識改善及び共同体意識の醸成，世界人の日行事。韓国語・二重言語ス

154

ピーチ大会（8歳から10歳対象），セマウル（新しい村）婦女会と結婚移民者たちがキムジャン⁽¹⁵⁾を開いて，キムチの漬け込みに対する文化的意義も分かってもらい，キムチを社会還元する行事，フリーマーケット，多文化認識改善キャンペーン，多文化理解教育，多文化感受性理解向上キャンプなどがある。これらにより，地域住民を対象に，結婚移民者たちが各国の食べ物を販売したり，中国，フィリピン，ベトナム，韓国，日本5カ国の節句（正月，中秋）を体験したりしながら，お互いの文化を体験することができる。さらに，イベント参加，食べ物文化などを通じて地域住民の認識改善を図ることを目的としている。

⑥家族親和文化プログラム，夫婦祭り，健康家族運動会，軍人家族幸せ支援サービス，多文化家族祭り，多文化家族付き合いキャンプ

　以上，多様なプログラムを実施しているが，当センター独自のプログラムは家族関係形成キャンプ，多文化理解教育などである。当センターは江原道の拠点機関なので，多くのパイロット事業を実施している。期限付きの事業もあるが，継続が必要なものについては，社会福祉の観点から予算措置を要請する。第3次基本計画に地方自治体多文化家族政策の自律化が挙げられており，2018年から多文化家族政策についてニーズ調査を続けている。公募に申請すれば，審査後，助成を受けることが出来る。

　3）江原道原州市の他機関とのネットワークについて

　第1に，地域社会保障協議会では，社会保障事業に関する重要事項と地域社会保障計画を審議・施行及び評価を行う。また福祉，保健，雇用，住居，教育，文化，環境など地域の社会保障サービスの連携・協力を強化するための協力機構である。組織としては，代表協議体，実務協議体，邑・面・洞協議体，実務分科（企画分科，統合事例分科，サービス連携分科，老人分科，女性家族分科，児童・青少年分科，障害人分科，保健医療分科）からなっている。

　第2に，多文化家族支援協議会では，地方自治体の多文化家族政策・施行

(15)　キムチの漬け込み行事。

計画の策定・施行及び評価を行う。多文化家族関連の地方自治体，教育庁，民間など関連機関事業の総括・調整及び連携・協力をしている。また地域内の多文化家族関連事業の需要把握及び地域特性に相応しい多文化家族関連事業を開発し，支援を行っている。さらに地域社会の多文化受容性の向上及び社会参加活性化方案を検討する。構成員は，原州市副市長，健康家庭・多文化家族支援センター事務局長，原州市議員（建設都市委員会），原州警察所外事係長，江原道原州教育支援庁，聖パウロ移住民センター長，外国人住民支援センター長，江陵原州大学多文化学科教授，韓国語教育講師，多文化家族の計10名である[16]。

　これらの多文化関連政府部署の間の協業体系を作っていくことで，サービスの重複と死角地帯の解消をしていくことが課題である。

4）原州市における多文化家族に対する認識

　日本人結婚移民者が多文化家族支援に対して，批判的な内容を青瓦台掲示板に掲載して注目を受けた事がある。「文在寅政府は多文化家族に対する政策よりは，内国人に対する政策をもっと実施しなければならない」という批判で，多くの韓国人たちの共感を得た。

　しかし，個人的な意見では，現在は結婚移民の定着のための支援にとどまっており，ある程度定着したら，多文化家族の社会参加度を高めるために必要な政策であると思う。結婚移民者たちも自ら努力しているし，社会にうまく定着できればよいと考える。まだ原州市においても多文化家族に対する認識が改善されていない面もある。そのため当センターでは認識改善プログラムを実施している。

5）外国人労働者について

　当センターは外国人労働者を対象としていないが，韓国語授業に参加する場合もある。ただし，結婚移民の場合，韓国語レベル1段階から4段階まで

---

(16)　原州市健康家庭・多文化家族支援センター（2019）提供資料。

修了になれば，法務部が運営する社会統合プログラムと連携して国籍取得時に有利である。他方，外国人労働者は参加できるが，この恩恵を受けることができない。また履修修了証や証拠書類を作ることはできない。また大規模なイベントには自由に参加することができるが，多文化家族対象のイベントへの参加は難しい。

6）少子高齢化と結婚移民について

原州市の人口は33万人で，春川市より多いが，合計出生率が0.98人で，2040年から2060年の間には原州市が消えるのではないかと憂慮されるほど，人口減少については問題として認識している。人口政策課などで多様な出産政策に対しても議論している状況である。以前は，外国人の出生率は，韓国人よりも高く，子供を連れて来たりしていたが，今はそうでもない。特にフィリピンや日本から来た人々は，宗教的な理由で出産数が多かったが，今は結婚相手との年齢差などの理由で，お互いに相談して，避妊するなどで出産数が少なくなった。韓国人男性は50代や60代が多く，年齢差は20歳位が多い。再婚も多く，既に移民者も本国に子供がいて，出産しない場合も多い。過去に比べて生活水準が高くなり，中上層水準が多い。原州市の中心は都市部で，周りは農村部である。農業は大変ではあるが経済水準は低くない。経済的困難は以前より大幅に減少した。結婚仲介業者を通じて結婚する場合，経済水準の書類をあらかじめ提出しなければならないので，過去のように生活保護で生活しなければならないほどの経済的困窮者は多くない。出産率が低いことは経済的な理由よりは再婚や年齢のためなどの理由が大きい。

（5）小　括

以上のインタビュー調査から明らかになった点を簡単にまとめておこう。

1）多文化家族支援政策について

江原道には多文化家族がそれほど多くないにもかかわらず，多文化家族支援政策は非常に多様で充実している。結婚移民者の定着段階から，子どもの

世代になり，家庭問題や教育問題など新たな課題に対応する段階に転換している。スタッフ数も日本に比べ多い。ただし，江原道庁，市庁，センターで部分的に独自の支援プログラムを実施しているが，予算が道長や市長の意向で大きく変わり，優先順位が後回しになる場合もある。

2）韓国政府（女性家族部），江原道庁，市庁，多文化家族支援センターとの関係について

政府，道，市の役割分担は，政府が予算の50％，江原道が10％，市・郡自治体が40％を支出している。江原道庁では，政府の方針に従っているので，ピラミッド的になっており，行政の重複は見られないという意見だった。これに対し，センターでは，多文化関連政府部署の間の協業体系を作っていくことで，サービスの重複と死角地帯を解消していくことが課題であるという意見もあった。

多文化家族支援協議会があり，年に数回開催され，地方自治体の多文化家族政策・施行計画の策定・施行及び評価を行っている。人的ネットワークはあまりないようであるが，定住移民によるメンター制度は，春川市のセンターの提案によって実現しており，一定程度機能しているといえる。

3）多文化家族支援と外国人労働者支援との連携について

外国人が少ない地域で，多文化家族支援と外国人労働者支援が分離していることについては課題として認識されているが，実際に地方自治体レベルでは，女性家族部，雇用労働部，法務部間の縦割り行政の壁を超えて，統合的に管理・支援するのは難しい。各機関とも外国人労働者，特に季節労働者については，多文化家族センターを利用することについては制限を設けてはいなかったが，対象外という意識が強かった。

4）江原道道民の外国人に対する認識について

江原道だけではなく，韓国全体で以前より良くなったと思うが，まだまだ多文化家族の受入れに対する認識改善が必要である。認識が不足しているの

で，逆差別という批判も出て，様々な問題が発生している。これに対して，地方自治体・センターでは様々な認識改善プログラムを実施している。

5）少子高齢化と結婚移民について

人口減少，地方消滅現象に対しては，多文化家族はとても役に立つという意見がある一方で，以前に比べて多文化家族の出生率が低下しており，効果が限定的という意見もある。

2 江原道における外国人労働者の現状と支援システム

本節では，まず，韓国及び江原道における外国人労働者の現状を概観する。次に，雇用労働部江原雇用労働支庁，江原道庁農政課，(社)共に共同体へのインタビュー調査に基づいて，江原道における外国人労働者の特徴と課題について明らかにする。

（1）江原道における外国人労働者の現状
1）韓国および江原道における外国人労働者の現状

韓国における就労ビザで働く狭義の外国人労働者数は，出入国・外国人政策本部（2022）で見ると，2022年10月末現在で，43.9万人であり，景気の低迷を反映して，2015年の62.5万人から減少傾向にある。特に，コロナ禍のため2019年から，15万人以上減少している。内訳は，専門労働者5万2,346人，一般雇用許可制の「非専門就業」25万3,076人，韓国系外国人を対象とした特例雇用許可制の「訪問就業」10万8,749人，「船員就業」1万9,463人，「季節勤労」5,153人である。

---

(17) 専門労働者の在留資格は，C-4（短期就業），E-1（教授）～ E-7(特定活動)，単純技能労働者の在留資格は E-9（非専門就業），E-10（船員就業），H-2（訪問就業），E-8（季節勤労）である。
(18) 統計庁国家統計ポータル（KOSIS）および出入国・外国人政策本部（2022）『出入国・外国人政策統計月報　11月』。

　また，行政安全部（2022）『地方自治体外国人住民現況[19]』で見ても，2021年11月1日現在，韓国の外国人労働者は，39万5,175人であり，2015年と比較して，17万8,203人減少している。さらに，就労ビザ以外にも在外同胞，永住，結婚移民者などの在留資格で働く広義の外国人労働者数は，統計庁（2021）「移民者滞在実態および雇用調査結果」によれば，2012年69.8万人から2021年5月末現在86.3万人に増加しているものの，ほぼ横ばいである。また就業者数に占める割合は同期間で2.7％から3.1％に上昇してはいるものの，近年は横ばいである。

　市・道別では，ソウルに隣接する京畿道が15万1,037人（構成比38.2％）と最も多く，次いでソウル特別市4万9,668人（同12.6％）である。江原道は5,398人で2015年から857人減少している。構成比も1.4％と低く，17の市・道の中で15位である（図7参照）。結婚移民者を含めた広義の外国人労働者で見ても，ソウルに隣接する京畿道（構成比38.3％），ソウル特別市（同19.2％），仁川（同5.8％）など首都圏に集中している。これに対し，江原道は済州特別自治道と合わせても3.0％と低い[20]。

　国籍別にみると，全国では，韓国系中国（構成比25.8％）が最も多く，次いで，ベトナム（10.4％），カンボジア（8.3％）の順になっている。これに対し，江原道では，ベトナム（17.0％），ネパール（12.8％），インドネシア（11.0％）の順であり，韓国系中国は8.6％と少ない（図8参照）。

　性別をみると，全国では男性78.9％，女性21.1％に対し，江原道では男性81.7％，女性18.3％と男性の割合が高い。

　市・郡別でみると，原州市が1,222人で最も多く，全体の21.4％を占めている。次いで，江陵市が648人（12.0％），束草市492人（9.1％）の順である。2015年に比べ，江陵市，束草市は若干増加しているが，原州市，春川市などほとんどの市・郡で減少している（図9参照）。

---

(19)　地方自治体レベルの外国人労働者については，この統計を利用する。
(20)　統計庁（2021）「移民者滞在実態および雇用調査結果」。

（人）

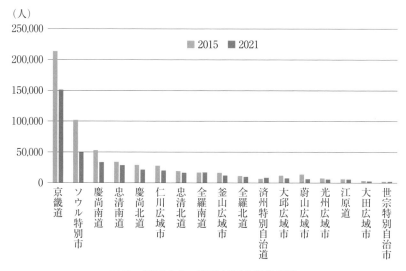

図7　韓国の市・道別外国人労働者数

注：いずれの年も11月1日現在。
出所：行政安全部（2016, 2022）『地方自治体外国人住民現況（2016, 2022）』より作成。

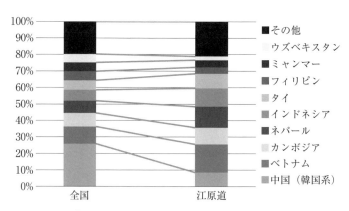

図8　全国と江原道における外国人労働者の国籍別比較（2021年）

注：2021年11月1日現在。
出所：行政安全部（2022）『地方自治体外国人住民現況（2021）』より作成。

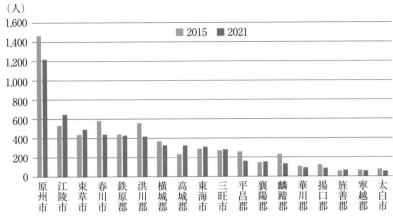

（人）

■ 2015　■ 2021

原州市　江陵市　束草市　春川市　鉄原郡　洪川郡　横城郡　高城郡　東海市　三旺市　平昌郡　襄陽郡　麟蹄郡　華川郡　揚口郡　旌善郡　寧越郡　太白市

図 9　江原道の市・郡別外国人労働者数

注：いずれの年も11月 1 日現在。
出所：行政安全部（2016，2022）『地方自治体外国人住民現況（2016，2021）』より作
　　成。

2 ）江原道における雇用許可制の現状

　代表的な就労ビザである雇用許可制（非専門就業：E-9）による外国人労働
者についてみると，2020年の上半期で全国の19万9,451人に対して，江原道
は2,818人である。構成比も1.4％と低く，17の市・道の中で12位である（図
10参照）。また2012年下半期の1,859人と比較すれば，1.5倍に増加しているも
のの近年は減少傾向にある（図11参照）。

（2 ）雇用労働部江原雇用労働支庁⁽²¹⁾

1 ）江原道における雇用許可制による外国人労働者の状況

　江原道における雇用許可制による外国人労働者数は2019年下半期で1,062
人，事業場数は469カ所である。産業別では，農畜産業が事業場の56.1％，
外国人労働者の54％を占めている（表 4 参照）。農畜産業の事業主からは外
国人労働者の増員を要請されているが，雇用許可制はクォータ制で制限され

（21）　2019年12月 4 日インタビュー。江原道春川市。

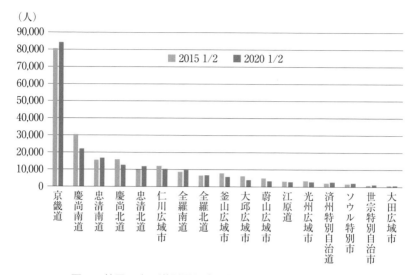

図10　韓国の市・道別雇用許可制による外国人労働者数
出所：雇用労働部（2020）『雇用許可制雇用動向』より作成。

ているので増加していない。農畜産業雇用許可制を利用する人々の規模は千差万別である。露地は16,000m^{2}以上，ハウスは2,000m^{2}以上などの規定がある。

　市・郡別では，農業が盛んな洪川郡が35.8％を占め，次いで道都の春川市が23.6％の順である（表5参照）。国籍別では，ネパールやカンボジアが多い。

　2）外国人季節労働者について

　農畜産業については，雇用許可制（E-9）が多い。割り当てが少ないので，やむを得ず季節労働者を活用している。外国人季節労働者は雇用労働部ではなく地方自治体と法務部・出入国管理局で管轄している。個人的には，外国人季節労働者に出会うことがなく，新聞記事等で知る程度である。季節労働者にかかわる懇談会に参加して，労働基準法について議論する位しかできない。

　雇用許可制（E-9）と季節労働者を統合的に管理することに対しては，もちろん良いことは良いが，法務部関係の別個の問題だから考えた事がない。

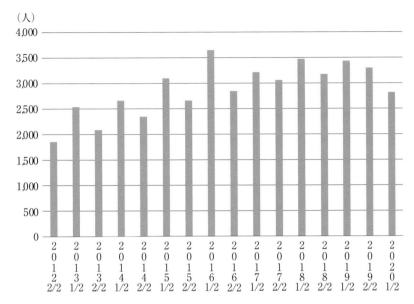

図11　江原道の雇用許可制による外国人労働者数

出所：雇用労働部（2020）『雇用許可制雇用動向』より作成。

3）江原道における雇用許可制の問題について

第1に，労働基準法違反について，雇用労働部で労働条件に対してモニタリングをしているが，事業主は基準に沿っており，賃金未払いや労働時間など違反する場合はまれに1件ある程度で，ほとんどない。違反をすればその次の雇用に影響を及ぼすからである。事業主が保険をかける時，遅れる場合があって，是正する場合がたまにある程度である。

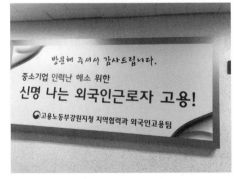

写真5　雇用労働部　江原支所

出所：筆者撮影。

外国人の人権関連に対して審査が厳格で，SNSも発達して

164

表4　江原道における産業別雇用許可制の動向（2019年下半期）

産業別	農畜産業	製造業	サービス業	建設業	計
事業場	263	106	84	16	469
割合	56.1	22.6	17.9	3.4	100.0
勤労者	557	368	96	41	1,062
割合	54.0	35.7	9.3	4.0	102.9

出所：雇用労働部江原支庁地域協力課提供資料。

表5　江原道における市・郡別雇用許可制の動向（2019年下半期）

市・郡別	洪川郡	春川市	麟蹄郡	華川郡	揚口郡	計
外国人労働者	380	251	113	87	61	1,062
割合	35.8	23.6	10.6	8.2	5.7	100.0

出所：雇用労働部江原支庁地域協力課提供資料。

　いるので，違反が明らかになれば大きな打撃を受けるため，最近はほとんどない。農畜産業の事業主も外国人労働者も性格が穏やかである。江原道は，夏から秋まで働いて，冬は空いているので，移動は可能だが3年間は短い印象がある。

　第2に，外国人労働者の宿所などの問題はない。点数制のため宿所と食事などが良く整備されているほど，加点されて多くの雇用ができる。クォータが1,000人に対し，1,500人が申請をすれば，宿所が整っている事業所を優先しているので，徐々に改善されていると思う。宿所管理が厳格だから，ビニールハウスのような劣悪な宿所はほとんどない。

　第3に，冬期は仕事がないので事業場移動は多い方である。外国人責任，事業主責任，外国人の傷害・疾病関連があるが。傷害・疾病関連はほとんどない。私たちは移動する地域を把握できないが，首都圏近隣の京畿道地域ではないかと推測する。京畿道でも小さな地方自治体に外国人労働者を必要とする所が多い。

　第4に，離脱は多くない。まじめに働けば，誠実労働者に延長するインセンティブが与えられ9年8カ月間働くことができる。離脱申告は私たちと出入国管理局，管理は出入国管理局で行う。不法滞在者については，出入国管理局で管理をするから，直接的には関係しないし，よく分からない。誠実労

働者で9年8カ月仕事をした後に不法滞在者になるかは，われわれはよく分からない。もし点検に行ったときに，不法滞在者がいればすぐに申告するが，まだそのケースはない。

　第5に，経済団体や労組では雇用許可制に対して好意的かどうかについては，敏感な問題である。例えば，経済団体も建築関連，製造業などがあるが，仕事が奪われると思う団体や増やさないといけないと言う団体がある。労働者の立場からは仕事が奪われると思うこともあるだろう。3D（3K）業種など韓国人がやりたくない仕事が多いため，全くないとは言えないが，仕事が奪われることは少ない。

4）外国人労働者支援センターについて

　江原道の商工会議所で外国人労働者センターを要請したことは聞いたことがある。6,000人以上になると必要だと認められるが，江原道全体3,000人位なので，難しいと思う。また外国人労働者のシェルターはあるが，利用する件数は多くない。

5）多文化家族と外国人労働者制度の連携について

　地方都市で，多文化家族と外国人労働者を一緒に統括することに対しては，考えてみたことがない。人事異動があればまたソウルに行ったりするから私たちが考えたりはしない。短ければ1年半，長ければ6年位で移動する。

6）関係機関との連携について

　関係機関の全体協議会としては権益保護協議会があり，1年に2回，開催しなければならない。外国人の権益を保護しなければならない具体的な事項やケースがある時には，随時に小協議会を開催することもある。機関ごとに外国人保護のための協議会を作り，地方自治体や江原道，出入国管理局で運営する協議会に参加することもある。出入国管理局で開催するとわれわれが参加して，われわれが開催すれば出入国管理国で参加するというように，交互に参加している。

表6　江原道における市・郡別季節労働者（C-4）の状況

市郡	2016		2017		2018		2019		2020上半期	
	割当	入国	割当	入国	割当	入国	割当	入国	割当	入国
計	62	57	520	407	1,726	1,383	1,643	1,441	2,173	
春川市					216	107	255	161	208	
原州市					5	5	3	3	0	
太白市							24	22	40	
洪川郡			109	81	318	312	356	354	400	
横城郡					68	38	36	33	62	
寧越郡					82	80	15	15	39	
平昌郡					60	0	59	28	0	
旌善郡			17		55	24	81	53	100	
鉄原郡					144	65	142	134	238	
華川郡			79	38	85	85	97	76	123	
揚口郡	62	57	302	277	400	390	385	385	608	
麟蹄郡			13	11	293	277	190	177	353	
襄陽郡									2	

出所：江原道庁農政課提供資料及び2020年上半期は法務部（2020）「外国人季節労働者制度」。

（3）江原道庁農政課[(22)]

1）江原道における外国人季節労働者の状況

　外国人季節労働者制度は，慢性的な雇用不足を緩和するために，農業における外国人労働者を雇用する制度である。2016年から法務部主管で開始した。30〜55歳の外国人を短期就労（C-4）ビザで，3カ月間雇用することが出来る。法務部が各自治体に割り当て，入国後の管理は各自治体が行う。全国の割当人数は，2016年の241人から2019年3,612人に増加している[(23)]。同期間に，江原道への割当は62人から1,643人に増加し，全体の45.5％を占めている。2019年の入国者は1,441人だったが，市・郡別の入国数では，揚口郡が385人で26.7％，洪水郡が354人と24.6％を占めている（表6参照）。国別では，フィリピン，カンボジアなどが多い（表7参照）。フィリピンは以前から地方自

---

(22)　2019年12月4日インタビュー，江原道春川市。

(23)　法務部（2020）「外国人季節労働者制度」。2020年から5カ月の滞在勤務が可能なE-8ビザが新設された。

表7　江原道における国別，性別外国人季節労働者（C-4）現況

2016年			
市郡	人員	性別	国家
計	57		
揚口郡	57	男48，女9	フィリピン

2017年			
市郡	人員	性別	国家
計	407		
洪川郡	81	男	フィリピン
旌善郡	0	男	結婚移民者家族の招請
華川郡	38	男	結婚移民者家族の招請
揚口郡	277	男	フィリピン
麟蹄郡	11	男	ベトナム，カンボジア

2018年（割当人員）			
市郡	人員	性別	国家
計	1,666		
春川市	216	男	フィリピン
原州市	5	男	フィリピン
洪川郡	318	男	フィリピン
横城郡	68	男	フィリピン
寧越郡	82	男	カンボジア
旌善郡	55	男	結婚移民者家族の招請
鉄原郡	144	男	ベトナム
華川郡	85	男	結婚移民者家族の招請
揚口郡	400	男	フィリピン
麟蹄郡	293	男	フィリピン，キルギススタン

出所：江原道庁農政課提供資料。

治体間の国際交流があった地域から受入れる場合が多い。例えば，洪水郡と姉妹都市を締結しているフィリピンのサンフアン市から2017年から2019年にかけて747人が季節労働者として働いている[24]。

　作業内容は，労働力が不足している種まきや収穫などである。期間は，全体的には4月から10月までの農繁期であるが，作物によって4～5月，7～8月，9～10月など農作業の集中する時期が異なる。作物は，唐辛子，キャベツ，キュウリなどの野菜である，鉄原郡では米も生産している。米は大規

(24)　2020年は新型コロナウイルスのため入国が制限されている。『江原日報』2020年12月11日。

模栽培なので労働力が必要である。ハウス栽培は1年中栽培しており，農家が一つの作物だけを作る場合はあまりない。そのため期間延長の要請があり，3カ月を5カ月に延長することになった。

江原道庁農政課では，外国人季節労働者を担当する職員が4人，フィリピン人が多いので英語担当者がいる。フィリピン人は韓国語よりは英語を話すので，農家とは簡単な単語で話す場合が多い。季節労働者50人当たり，専任担当公務員が1人いる。通訳員や移住者招待支援者もいる。江原道は高齢者が多く，雇用許可制（E-9）を利用しにくい。私たちは「死角地帯」にいる人々を支援することが仕事である。

2）外国人季節労働者の課題

外国人労働者の受入れ費用については，韓国人の人件費が高いので，相対的に適正だと思う。外国人でも人権保障の観点から，最低賃金を保障しなければならないし，農村なので宿所の確保，食費の20％支払い，事故に対して農家の責任など追加的費用がかかる。宿所の確保は人権問題，私生活保護の次元で必須条件なので，宿所がビニールハウスのようなケースはない。法務省，雇用労働部などで，中間点検やモニタリングをしている。不適切な雇用主がいれば，割当をしなかったり，労働者を移動させたりする。

途中離脱については，韓国は全国で最低賃金が等しいから，地方を忌避する現象はないようである。途中離脱，不法滞在が発生すれば，翌年ペナルティが課せられるので，気を付けている。連携している海外の地方自治体に不法滞在が発生しないように，検証された労働者を送ってくれと依頼している。

季節労働者制度についての満足度調査の結果を見れば，春川市の農家は80％満足という結果が出ているし，再雇用については98％満足している。ごく少数の雇い主たちが言語コミュニケーションについて不満を示す場合もある。他方，外国人労働者も勤務環境などに満足している。

地方自治体が再入国推薦書を発給する。推薦書を受けた労働者が母国に帰ってからまた入国する。推薦条件は，無断離脱しない，犯罪を起こさない，誠実，言語コミュニケーションを努力する者などである。70％程度がこれを

利用している。

　最後に江原道の農業について，私たちは将来，農業の需要が増えるのでないかと思っている。そこで青年事業者を育成するためにスマート農業，6次産業化を推進する事業も進めている。

（4）共にする共同体（함께하는 공동체）[25]

1）センターの概要

　江原道は移住民，特に外国人労働者が少ない方ではあったが，唯一この地域（原州市）は工場が密集している地域である。登録制で5,000人から6,000人位いる。江原道は，相対的に面積は広くて人口は少ないから外国人は2万人程度，原州市は3分の1程度である。

　2003年に個人的に外国人支援をスタートした。始めた理由は，イギリスに5年間留学中，外国人の立場を経験し，故郷の原州市に帰って来た後，外国人労働者と偶然に会った。イギリスと違い，苛酷で劣悪な環境にある外国人労働者を助けたいという一念で，この道に入った。また，宗教的な理由があり，キリストの歩みを実践することは何かと考え，これが私のできる仕事だと思った。2004年から非営利団体となり，2013年に，原州市からも支援を受け施設を建設し，社団法人となった。有給のスタッフは妻を含み3人，またボランティアが20〜30人いる。資金的にも支援団体のスタッフが持続的に働くのは大変な状況にある。

　事業内容としては，以下のとおりである。

①韓国語教室

　毎週日曜日に韓国語プログラムを実施している。受講生は13人で，多い時は20人位収容できる教室が3室ある。先生は社会統合プログラムで派遣されてくる先生ボランティアがいる。また親が勉強している間，子供が遊べる部屋もある。

---

(25)　2019年12月5日インタビュー，江原道原州市。

写真6　共にする共同体外観
出所：筆者撮影。

写真7　共にする共同体施設内
出所：筆者撮影。

②人権相談

　電話で人権相談を行っている。問題があれば原州市だけでなく江原道全体，束草市や江陵市でも随時に人権相談を行っている。基本的に韓国語，英語，中国語で会話をするが，本当にコミュニケーションが取れない場合は，通訳を通す。ネパール人，カンボジア人，ベトナム人が多い。他の所と違って，南アフリカ，イギリス，アメリカ，日本など国籍の制限なしに支援している。

③医療相談

　医療相談を行っており，外国人労働者が病気やけがをすれば，原州市内にある病院，韓医院，原州医療院でも無料で治療を受けることができる。センターでも日曜日に韓医院から医者が来て無料診断を行っている。

④シェルター

　外国人労働者が事業場の変更をする際，宿所がない時に備えてシャワー室，キッチンを完備したシェルターを準備している。ムスリム人々の祈祷室としても利用している。私は牧師ではあるが他人に宗教を強要しないか

ら宗教的な摩擦はない。

2）江原道における外国人労働者の状況，雇用許可制の評価について

第1に，政府は，以前の産業研修制度よりは多くの面で人権保障，待遇など良い制度であると言うが，現場で支援する立場では，解約や退職問題など外国人労働者に不利な面がある，人権侵害の余地が多い面もある。江原道でも労働基準法違反はある。昨日もカンボジア出身の労働問題で原州労働支庁に行って来た。当地域は安山市や慶尚道昌原に比べれば，外国人労働者がとても少ない。それにもかかわらずほとんど毎週問題が発生している。暴行や勤務時間オーバーのケースがあまりにも多い。点数制による抑制効果も，マイナス点数が些細でほとんど影響を与えない。例えば，近年，ある企業がベトナム人労働者4人を暴行した。ペナルティを受けたがその翌年にまたネパール人労働者たちを暴行した。それで当センターが介入して問題解決をした。しかし，その企業は次の年も外国人労働者を採用することができた。このように法令違反をしたとしても，ほとんど影響を受けないと見られる。

第2に，ブローカーが介入しない点は，改善しているが，送出し国でのブローカーの介入は相変らず深刻である。特にネパールは，海外に行くことが出来るのが韓国だけなので，待機者だけでも5,000人を越える。だから韓国語試験に合格したにも関わらず，待機者があまりにも多くて，早く来るためにわいろなどの不正が起きる。韓国語試験は合格しても，有効期限が2年だから，期限内に来る事ができない場合は，また試験を受けなければならない。

第3に，不法滞在者については，相応しい在留資格がないだけであって，不法行為ではないと思う。外国人労働者が大幅に増加したが，不法滞在者数は大きく変わらなかった。以前と比べれば相対的に減少したと見られる。韓国の未登録者問題を一度に解決することができる方法は，事業主への罰則を強化すれば良い。取り締まりをして，6カ月程度事業停止にするべきだと私たちは主張するが，できないのは，実際に未登録外国人労働者が多く必要だからである。韓国人を雇ったり，雇用許可制を通じて外国人を雇用したりする手続きが大変だったりするので，未登録者たちを雇うことになる。韓国は

どんな島国よりも島国だと思う。中国などから密航する場合はあるが，北緯38度線を超えて来ることはできない。韓国社会や政府が外国人に労働を先に要請しなければ来ることができない環境である。したがって，政府が，状況によって黙認したり，一斉取り締りしたりすることは人権的な行為ではなく，問題である。

第4に，外国人労働者が韓国人と競合するケースはほとんどない。外国人労働者たちは最低賃金で仕事を多くして月給が上がるだけであって，仕事の内容が違うわけではない。実際に，韓国人は最低賃金で工場で働かない。サービス業や工場労働は韓国人，特に若者は忌避する傾向にある。同じ条件なら，韓国人が選ばれる。

第5に，政府が労働力不足を解決するため，結婚移民，朝鮮族，北脱出者を活用している。この三つのカテゴリーは厳密にいうと外国人だが特別待遇をしている。実際，これは韓国の家父長的発想から始まったと思う。韓国の血縁だから特恵を施して，韓国の不足の面を満たそうという発想である。これもとても差別的な発想である。朝鮮族は自分自身中国人だと思っている。個人的には，このような制度はすべて廃止して，すべての外国人を公平に待遇しなければならないと思う。

第6に，外国人季節労働者について，江原道の産業はほとんど農業である。特に江原道の農業は農繁期の数カ月だけ，労働力が必要である。この制度は，人権侵害的な要素はほとんどチェックされず，アフターケアもとても難しい。人を人として見ていない制度だと思う。

3）外国人労働者支援センターについて

外国人労働者センターは全国的に50数カ所あるのに江原道には当センターの1カ所しかない。江原道は外国人数が少ないとはいえ，地域が広くて難しい。そのため私たちは嶺東地方，江陵市や三陟市，春川市などに外国人支援センターを作るべきだと主張してきた。商工会議所で2020年から雇用労働部に要請したと聞いている。雇用労働部が判断することなので，どうなるかはわからない。重要なのは民間団体で申請をしなければならないが，そんな団

体の申し込みがあるかは分からない。

　江原道庁の次元で見れば，予算も政策もなく外国人労働者が排除されているのが現実である。多文化家族センターは数多くあるが，外国人労働者支援センターももっと必要だと思う。江原道庁に要請はするが，まだ難しい。それでも原州市には当センターがあるので最小限の機能はできるが，センターが無い地域では大変な状況である。

4）多文化家族と外国人労働者制度の連携について

　地方都市で，多文化家族と外国人労働者を一緒に統括することに対しては，私もそのように思う。実際，外国人労働者支援センターが先に作られなければならないと思う。名前はともかく統合的なサービスを提供するのが良いと思う。例えば，以前，江原道庁の関係者が私のところに来て多文化家族サポートをする以前に，どうすれば良いかと諮問を受けたが，その時，多文化家族と労働者，留学生など統合的支援をするのが良いと答えた。しかし，その時は多文化家族センターだけを作った。そして，その後に労働者支援センターができて，結局は別々になった。はじめから統合支援の形態が正しいと思う。

5）韓国の人口減少問題について

　外国人労働者の受入れよりは，家族単位の移民の受入れが重要だと思う。人口減少，低出産などの問題解決に接近しなければならないと思う。

6）原州市民の外国人労働者たちに対する認識

　原州市だけでなく韓国全体の外国人労働者たちに対するイメージは良くない。もし移民庁を作って包括的なサービスをしたら，おそらく韓国社会が反発すると思う。10年前から住民たちに理解させなければならないのに，それなしに急に推進しても反発がある。住民たちを説得するのが優先されなければならないと思う。

174

（5）小　括

以上のインタビュー調査から明らかになった点を簡単にまとめておこう。雇用労働部，江原道庁と共にする共同体では，見解が大きく異なっている点が印象的だった。

1）外国人労働者の労働環境について

雇用労働部，江原道庁へのインタビュー調査によれば，モニタリングをしているが，雇用許可制，季節労働者共に労働基準法違反や劣悪な宿舎はほとんどないという回答だった。

雇用許可制について，江原道は冬季に仕事がないので事業場移動は他地域に比べて多い方であるが，途中離脱や不法滞在者のケースは多くない。

2）雇用許可制，季節労働者制度の評価について

雇用許可制についての評価は敏感な問題で，経済団体や労組，労働者によって評価は異なっている。季節労働者制度については，農家，外国人労働者ともに満足度が高い。

しかし，現場で外国人労働者の支援を行う，共にする共同体での評価は対照的である。人権侵害や法令違反などは江原道においても頻発しており，政府のポイント制やモニタリングは有効に機能していない。送出し国のブローカー問題も依然として深刻である。不法滞在については，罰則を強化すればいいと思うが，政府や企業は，本音では労働力が必要なので黙認している。政府が，状況によって黙認したり，一斉取り締まりしたりすることは人道的な行為ではない。季節労働者制度については，人権侵害的な要素はほとんどチェックされず，アフターケアもとても難しい。

3）新たな外国人労働者支援センターの設立について

雇用労働部は外国人労働者数やニーズから見て，新たにセンターを作ることは難しいという見解だった。これに対してセンターは，江原道は外国人数が少ないが，地域が広くて支援が難しい。そのため嶺東地方，江陵市や三陟

市，春川市などに外国人支援センターがなければならないと考えている。

4）関係機関との連携について

雇用労働部は，権益保護協議会があり，1年に2回程度参加している。外国人季節労働者については担当外なのでよくわからないという回答だった。雇用許可制（E-9）と季節労働者を統合的に管理することに対しては，法務部関係の別個の問題だから考えて見た事がないと，基本的に縦割り行政の印象を受けた。

5）多文化家族と外国人労働者制度の連携について

雇用労働部は考えてみたことがないという回答だった。センターは，多文化家族と外国人労働者を一緒に統括することに対しては賛成の立場である。

おわりに

以上，インタビュー調査の結果，江原道には外国人住民がそれほど多くないにもかかわらず，支援プログラムが非常に多様で充実している。先述の通り，筆者は韓国の地方部（江原道）と日本の東北地域を比較しながら，100以上の関係機関でインタビュー調査を行い，アンケート調査も行ってきた。図12は福島県の49市町村における外国人共生政策の実施率を見たものだが，多言語での行政情報の提供や日本語の学習支援ですら5割に達していない。これを江原道の支援内容（表2）と比較してみると，質と量の違いは歴然としている。

他方，江原道においては，女性家族部，雇用労働部，法務部間の縦割り行政の壁が高く，地方自治体レベルでは，統合的に管理・支援するのが難しいことも分かった。外国人の数が相対的に少なく，財政的にも，人的にも，ノウハウ的にも不十分な地方において，効率的な支援システムを構築するためには，国，地方自治体，NPO，企業などとの連携が不可欠である。

今後，日韓両国ともに，少子高齢化が深刻化する中で，これまで外国人が

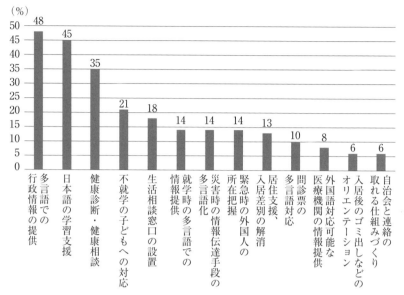

図12　福島県の市町村における外国人共生支援施策の実施率（単位：%）
出所：佐野孝治によるアンケート調査（2019年6月～7月，回答数49市町村）

少なかった地方においても，外国人の受入れが加速すると考えられる。しかし。外国人住民とともに多文化共生社会を作り，地域活性化につなげていくためには，多文化共生を基本に置いた持続可能な統合政策が必要だと考える。

［日本語参考文献］

有田伸他編（2016）『国際移動と移民政策：日韓の事例と多文化主義再考』東信堂。
外国人材の受入れ・共生に関する関係閣僚会議（2020）「外国人材の受入れ・共生のための総合的対応策（令和2年度改訂）」。
木村幹（2014）「日韓の移民政策はなぜ異なるのか」『アジア時報』45（3）。
金兌恩（2016）「社会の多文化化と政策の対応―日韓比較の視点から―」『応用社会学研究』（58）。
佐野孝治（2010）「韓国における外国人労働者支援システム」『商学論集』第79巻第3号。
佐野孝治（2017）「韓国の『雇用許可制』にみる日本へのインプリケーション」『日本政策金融公庫論集』第36号。

佐野孝治（2018）「韓国の外国人労働者受入れ政策—日本への示唆点—」高橋信弘編著『グローバル化の光と影』晃洋書房。

佐野孝治（2020）「地域活性化に向けた外国人労働者の受入れに関する日韓比較」『NETT』109号。

宣元錫（2019）「外国人労働者受入れをめぐる論点：韓国を事例に」『ヒューマンライツ』（372）。

野村敦子（2019「韓国における外国人材政策—共生社会に向け試行錯誤する取り組み」『JRIレビュー』Vol.10，No.71。

春木育美（2014）「日本と韓国における外国人政策と多文化共生」『東洋英和大学院紀要』（10）。

橋本みゆき（2009）「外国人増加に対する春川市住民の社会意識」村瀬洋一『ネットワークと社会意識に関する韓日比較調査報告書』。

金愛慶・馬兪貞・李善姫他（2016）「韓国の多文化家族に対する支援政策と実践の現況」『名古屋学院大学論集　社会科学篇』第52巻第4号。

［韓国語参考文献］
江原道（2019a）「多文化家族チーム」提供資料。

江原道（2019b）「外国人季節労働者現況」提供資料。

江原道（2019c）「2019年　変化する江原道多文化家族政策」。

江原統計支庁（2019）「最近3年間の江原道外国人住民の統計」。

カンドングァン（2016）「国内移民者の経済活動と寄与効果」IOM移民政策研究院。

雇用労働部江原雇用労働支庁（2019）「2019年下半期外国人雇用許可制現況」提供資料。

金ウンスク（2010）『江原道多文化家族実態および政策方案』江原発展研究院。

金泰煥（2015）『多文化社会と韓国の移民政策の理解』チプサジェ。

法務部（2013）『2013年在留外国人実態調査』。

法務部（2018）「第三次外国人政策基本計画」2月。

シンジョンホ（2013）「韓国移民政策の新しい探索」『Issue & Analysis』（118）。

李ヘギョン他（2018）『外国人短期季節勤労者制度実態分析及び総合改善方案研究』韓国移民学会。

女性家族部（2018）「第3次多文化家族政策基本計画」。

原州市健康家庭・多文化家族支援センター（2019）提供資料。

出入国・外国人政策本部（2019）『出入国・外国人政策統計月報　11月』。

統計庁（2012～2016）『外国人雇用調査結果』。

統計庁・法務部（2019）「2019年　移民者在留実態および雇用調査結果」。

統計庁（各年）「経済活動人口調査」。

韓国銀行江原本部（2019）「江原道外国人勤労者の現況及び示唆点」『江原金融経

済フォーカス』2019-8号。

韓国移民財団（2016）『移民政策論』パクチョンサ。

韓国外国人労働者支援センター「2019」『2019年度　韓国外国人労働者支援セン
　　ター事業計画』。

江原道庁ウェブサイト https://www.provin.gangwon.kr

雇用労働部江原雇用労働支庁 http://www.moel.go.kr/local/gangwon/index.do

原州市庁ウェブサイト https://www.wonju.go.kr

原州市健康家庭・多文化家族支援センターウェブサイト https://wonju.familynet.
　　or.kr/cente

春川市庁ウェブサイト http://www.chuncheon.go.kr

春川市保健家族・多文化家族支援センターウェブサイト http://chuncheonsi.
　　liveinkorea.kr

共にする共同体（함께하는 공동체）ウェブサイト http://www.withc.org

本章は，佐野孝治（2021）「韓国江原道における外国人住民の現況と支援システム」
『福島大学地域創造』32（2）を基に，加筆・修正したものである。

第7章

台湾における移住労働者^(1)の権利擁護と社会的包摂^(2)

村上　雄一

はじめに

　第3章で述べたように，筆者は移住労働者の受入れの先進事例として台湾に注目してきた。その中でも特に台湾における移住労働者の権利擁護と社会的包摂（ソーシャル・インクルージョン^(3)）について様々な知見を得てきた。そこで本章では，第3章で主にデータで紹介した台北市や新北市における移住労働者への行政サービス，そして，彼ら・彼女らの人権擁護や支援をしている団体として筆者が長年にわたり調査でお世話になっている台灣國際勞工協會（TIWA^(4)）やレールム・ノヴァールムセンター^(5)について紹介する。そして，新型コロナウイルス禍（以下，コロナ禍）の台湾における移住労働者の社会的包摂事例について，TIWAの呉靜如（WU, Jing Ru）研究員との遠隔インタビュー（2021年5月）の結果を踏まえながら紹介し，日本が台湾から学ぶべき先進事例について考えてみたい。

　本論に入る前に，近年の台湾における移住労働者の社会的包摂の象徴的事

（1）　本章でも「台湾」を「中華民国」の同義語として表記する。
（2）　本章でも「外国人労働者」ではなく，「移住労働者」を用いる。なお本章の「移住労働者」にも「外國專業人員」（外国人専門職・技術職）を含めていない。
（3）　社会的に弱い立場にある人々をも含め市民ひとりひとり，排除や摩擦，孤独や孤立から援護し，社会の一員として取り込み，支え合う考え方。
（4）　「Taiwan International Workers' Association」の略。
（5）　「Rerum Novarum Center」，中国語では「新事社會服務中心」。

例として，世界中がコロナ禍で大きく揺らいでいた2020年7月に台湾で起きた出来事について，以下の引用を紹介しておきたい。

　　たとえば，台北駅のコンコースの床には，たくさんのスマイル（笑顔）のイラストが描かれ，たくさんの言語が書かれています。これは「床に座り込むのはけしからん」などと思わせないような配慮です。[6]

　これはコロナ禍においてマスク在庫管理システム構築に貢献し，日本のマスコミでも大きく取り上げられた台湾のデジタル担当政務委員（閣僚・当時）[7]であるオードリー・タンの著作からの引用である。

　この著作の中でタンは社会を前進させる重要なキーワードの1つとして「インクルージョン」（包摂）を掲げ，その象徴的な事例として，コロナ禍以前から週末に台北駅コンコースで友人らとピクニック気分で座り込んで休暇を過ごしていた移住労働者について言及していることが大変興味深い。

　この事例については本論で詳細を述べるが，例えば東京駅コンコースの床に技能実習生達が毎週末座り込むという光景を「けしからん」と思わない日本市民がどれぐらい存在するかを想像するだけでも，移住労働者の社会的包摂に対する日台社会の大きな違いがより鮮明にイメージできると思う。

1　台北市外国人労働者相談センターにおける実践活動

　まず台北市の移住労働者にとって，活動や相談の窓口になっていた「台北市外国人労働者相談センター」（臺北市外勞籍詢問中心）の概要を見ていく。

（6）　オードリー・タン（2020）『オードリー・タン　デジタルとAIの未来を語る』（早川友久　姚巧梅訳，プレジデント社），184頁。
（7）　2022年8月，タンは台湾政府のデジタル発展部の初代部長（大臣）に任命されている。「唐鳳出任數位發展部長 政務次長為闕河鳴李懷仁」『中央通訊社』（2022年8月5日）
（https://web.archive.org/web/20220813062755/https://www.cna.com.tw/news/aipl/202208050168.aspx）。

当初，台北市外国人労働者相談センターは1995年2月に台北市勞工局内に設けられ，後の1999年10月に独立した部局となった。その主な業務内容は4つあり，①「人道的配慮」，②「法的保護」，③「就業サービス法・政令の宣伝普及」，④「各種イベントの開催」である。

①の「人道的配慮」とは，文化活動や地域住民との交流活動等を通して，移住労働者が自己研鑽の場を持ち，積極的に社会に参加することを推進することである。2002年3月には「台北市外国人労働者文化センター」が設立され，中国語やコンピューター，料理やダンス等教室，および，労働法や介護に関する講習会を主に週末に開催してきたが，筆者による2014年11月の調査時にはこのセンターはすでに閉鎖されていた。

また，台北市ではインドネシア，フィリピン，タイ，そしてベトナムの伝統や文化を紹介する祭が，それぞれ年に一度開催されている。さらに台北市の伝統行事である，龍船による競漕に移住労働者のチームも毎年参加している。

②の「法的保護」では，筆者が初めて現地調査した2008年11月当時，4言語（英語，インドネシア語，タイ語，ベトナム語）に対応した相談員（11名）による電話相談や，査察官31名（単純労働者のための査察官27名，専門職労働者のための査察官4名）によって現状査察を行っていたが，筆者が再び調査した2014年11月当時では，単純労働者のための査察官が1名増えただけで，他は変わらなかった。

③の「就業サービス法・政令の宣伝普及」では，毎週土曜日に上述の4言語で放送されるラジオ番組『HELLO TAIPEI』や，4言語＋中国語で発行される季刊紙『E-NEWS』の配信，2007年に4万冊発行したという『介護手帳』の配布，さらに同年『台北，私の第二の故郷』というDVDを製作・配布すること等を通じて，移住労働者の法的義務や権利のみならず，雇用主が負っている義務の周知徹底をはかる活動を行ってきている。

④の「各種イベントの開催」では，2001年より優秀労働者および優秀雇用主の表彰，および，ポエムコンテストが開催されてきており，筆者による調査当時の2014年9月には続いていた。特にポエムコンテストは，日本でよく

182

行われているような外国人による日本語によるスピーチコンテスト等とは異なり，移住労働者たちが自身の母国語で詩作を行い，審査の結果，入賞した詩作者は表彰され，その作品は中国語の翻訳と共に一冊の詩集にまとめられる。この詩集の出版は2017年までは続いていたことが確認できる[8]。

　また移住労働者が休日に相談し易くするために，台北市の中心に位置する台北駅に休日相談窓口が設置されていたが，2014年11月当時，この相談窓口は撤去されていた。

　上述の「外国人労働者文化センター」や台北駅の週末の相談窓口の閉鎖は，一見，移住労働者に対する行政サービスが後退しているようにも見える。しかし，それにはいくつか理由がある。まず，台北市独自の移住労働者相談センター設置からほぼ10年後の2009年7月，ようやく中央政府による移住労働者のための無料電話相談が開設されたこと，インターネットの普及により移住労働者でも台北市の情報が入手しやすくなったこと，そして，台北市に多い居宅看護・介護労働者の多くが週末にも仕事がある場合が多く，文化センターや相談窓口まで足を運びづらかったこと等が挙げられる。

　一方，2004年から始まっている台北駅構内における年4回の無料健康診断は，筆者の調査時である2014年には年5回の開催が予定されていた。その後も，年に4〜5回の無料健康診断が行われている[9]。

　2014年調査当時，「外国人労働者文化センター」は閉鎖されていた一方で，2008年当時にはなかった新たな取り組みも始まっていた。例えば，2014年4月には移住労働者とその雇用主，合わせて40名が台北市立動物園へ招待され，一番人気のパンダ見学を中心に園内での一日を雇用主と共に楽しみ，帰りには記念品を贈るというイベントが開催されている。また同年11月には，移住労働者の健康増進と交流促進を目的とするボーリング大会が開催されている。

（8）　臺北市政府勞働局（2022）「Taipei Listen to Me」
　　　（https://english.bola.gov.taipei/News_Content.aspx?n=95DFEC9EFB4DFE10&sms=9D9EC196B9215E28&s=CAE9C96EA7C57B9E）。
（9）　臺北市勞動力重建運用處（2022）「外籍移工健康檢查及衛教宣導」
　　　（https://fd.gov.taipei/cp.aspx?n=94F300D82D864597）。

2　新北市における移住労働者支援活動

　台北市同様，新北市も移住労働者のためのニュースレターを年 4 回発行しているが，台北市のニュースレターが同じ号に中国語・英語・インドネシア語・ヴェトナム語の 4 言語併記で書かれているのに対し，新北市のものは，中国語と併記する形で，英語・インドネシア語・ヴェトナム語，そして，タイ語の 4 種類の冊子を別々に発行していた。

　また，このニュースレターの内容も充実しており，例えば筆者の調査時の2014年秋季号では，移住労働者とその雇用者が守らなければならない法律紹介のほか，デング熱の予防法，新北市の観光案内，炊飯器を利用した調理法，健康診断で使われる中国語，そして，映画紹介など，多岐にわたっている。

　新北市でも，移住労働者に必要な様々な情報がそれぞれの言語で記載されている小冊子が配布されているが，その最初には，移住労働者が有する「権利と義務」について説明が書かれていることからも，新北市においても移住労働者の人権を重視していることがわかる。筆者が2014年の調査時に入手した同冊子の前半部の他の項目としては，最初に生活に必要な情報として，けがや病気に関すること，電気鍋を活用した台湾における季節料理の方法，台湾の祝祭日，医療機関の連絡先が掲載されている。次に，旅行情報として，地下鉄の路線写真や同市のレンタル自転車の紹介，イスラム教のモスクや仏教寺院，そしてキリスト教会の所在地，鉄道を利用したおすすめの旅行先が紹介されている。そして，前半部の最後には，新北市の勞工局や各国の出先機関等の連絡先一覧が掲載されている。

　この新北市の小冊子の後半部分は，日常生活での手帳として使えるようにカレンダーや家計簿，住所録を載せている。さらに，冊子の色や各ページのデザインも工夫されており，特に居宅介護ヘルパーとして働く移住労働者の多くがインドネシアからの若年女性であることを意識してか，表紙はピンク色を基調とし，冊子内の挿絵なども女性が好むようなかわいらしいデザインのものが多く用いられている。

　台北市同様，新北市でも様々な文化・余暇活動がなされており，2014年調査時には，移住労働者のための無料健康診断（年4回）や中国語によるスピーチコンテスト，優秀移住労働者および優秀雇用主の表彰制度，歌唱コンテストのほか，インドネシア・ベトナム・タイ，それぞれの国の伝統や文化に基づく祭りの開催などを行っていた。

　また2014年当時，新北市では看護・介護に従事する移住労働者のために，英語やインドネシア語等の字幕付きで，介護・看護の仕方を教えるDVDを作成，配布していた。このDVDでは，①被介護者の移動方法，②食事の仕方，③排泄処理，④衛生，⑤健康管理の方法について紹介されている。さらに特徴的なのは，単なる看護・介護指南に留まらず，各単元の最後には，移住労働者に関わる法令が紹介されていることである。例えば，三日間連絡が取れない場合は出身国に送還され，以後，台湾で働くことができなくなることや，不法就労の禁止等が紹介されていた。

3　台湾における移住労働者の人権擁護活動進展の経緯

　これまで見てきたように，台北市での取り組みが先行事例となって，新北市など，他の自治体がそれを学び，さらに独自の改良を加え，移住労働者の受入れに取り組んできていることがわかる。特に人権擁護活動の概要だけを比べてみても，移住労働者に対してここまで充実した施策を行っている自治体は，2022年10月末現在，日本にはまだ存在していないように思われる。では，なぜ台湾でここまで移住労働者の権利擁護を含む行政サービスの向上が行われるようになったのであろうか。

　台湾においても，初めから移住労働者の権利擁護意識が高かったわけではない。共働きが一般的である台湾では，日本以上に少子高齢化が進んできており，台湾人よりも賃金が安く住み込みで看護や介護のみならず家事もこなしてくれる移住労働者の需要は増加する一方である。しかし，居宅の移住労働者には労働基準法が適用されないため，同法が定める最低賃金も適用されないどころか，看護・介護という仕事の性格上，休日もほとんどないのが実

情である。

　さらに居宅という閉ざされた空間での仕事や生活は，時には雇用主等から
さまざまなハラスメントを被ることが起こりやすいのも事実である。上述し
たように，居宅の移住労働者が多い台北市において，単純労働者のための査
察官が30人近く配置されているのは，このような実情にもよるのである。

　そのような状況の台湾において，移住労働者の権利擁護に対する取り組み
が大きく前進する契機となったとされる事件が2003年に起きた。それは，当
時，車椅子の小説家として国民的な人気があった女流作家が，インドネシア
人の居宅介護労働者によって殺害されたというものである。その後，移住労
働者の人権問題に取り組んできた10以上の団体が連合組織を結成し，居宅看
護・介護労働者への労働基準法適用や休暇の確保を求める活動を行ってきて
いる。また翌2004年には集団虐待された46人の移住労働者が台北市内の教会
に逃げ込んできたのをきっかけに，台湾で初めてキリスト教系の民間 NGO
による移住労働者のためのシェルターが設立されている[10]。

　さらに2005年 8 月に台湾南部の高雄市でタイ人労働者が劣悪な労働環境を
雇用主に抗議するために，放火や投石，立てこもりをするという事件がおき
ている。この事件の背景が明らかになると，台湾政府は監督機関の不適切な
対応を認め，移住労働者への謝罪を表明し，要求された待遇改善にも譲歩す
る姿勢を示したことも，結果的に移住労働者の人権擁護運動を後押しするこ
とになった[11]。

4　台灣國際勞工協會（TIWA）[12]

　台湾における移住労働者支援を積極的に行ってきている民間団体の一つに

---

(10)　『毎日新聞』2008年12月18日，12頁。

(11)　明石純一（2010）「第 5 章　台湾における外国人労働者政策の変遷と課題」『外国人
　　　労働者問題をめぐる資料集 I 』笹川平和財団，192頁。

(12)　以下に引用する実践活動等は，TIWA より提供された資料や聞き取り調査に基づい
　　　ている。

写真1　TIWA 事務所

出所：筆者撮影。

台北市に事務所を構える台灣國際勞工協會（TIWA）がある。TIWA は，台湾市民の手によって移住労働者に奉仕する初の NGO でもある。TIWA が主に奉仕しているコミュニティーは移住労働者及び外国人配偶者である。TIWA の主なメンバーは社会活動家，労働運動家，そして地域の労働組合専従者で，移住者と地域労働者間の労働体験の交流発展のほかに，労働者の権利に対する啓蒙活動を積極的に行い，移住労働者たち自身が自分たちの組織を設立できるようこれまで支援してきた。

　TIWA 結成の背景には，台湾が移住労働者導入の門戸を1989年に開き，移住労働者が台湾国内の労働市場にも影響を与えた一方で，台湾人社会と東南アジア各国からの労働者との多様な交流が始まったからである。「台湾人労働者」対「外国人労働者」というような，異なる労働者グループ間の二項対立的な闘争を煽るのではなく，労働者の問題には台湾人・外国人に関わらず相関関係があることを認識する，台湾における労働運動を長年組織し，豊かな経験を有する人々が集まり，1999年10月 TIWA が設立された（写真1）。

　TIWA の設立趣旨には，①婚姻または労働契約によって台湾に来訪した移住労働者と地域社会の交流を促進すること，②移住労働者並びに外国人配偶者の労働環境や社会状況を改善すること，③労働者階級の権利と福利を増進すること，が掲げられている。

　TIWA の主な活動内容については3つ挙げられており，まず移住労働者自身のエンパワーメント[13]としての能力開発や組織化，及び，その発展を掲

---

(13)　組織を構成する一人ひとりが本来持っている力を発揮し，自らの意思決定により自発的に行動できるようにすること。

げており，そのための法律相談，労働争議交渉，労働教育，移住労働者自身
の組織結成援助，移住労働者のためのシェルター（保護施設）等のサービス
を提供している。

また，文化交流や社会的弱者である移住労働者の声を広める活動として，
詩文や映画，歌舞交流，移住労働者に関するドキュメンタリー映像撮影，文
章ワークショップ，文化指導，地域の祭事への参加などを行っている。

そして，より公正で公平な労働政策を提唱し，立法院（国会）への陳情活
動やデモ行進，国際的ネットワークの構築を進めている。

TIWA は移住労働者の人権擁護活動にも積極的に取り組んできている。
特に，移住労働者の人権問題として，①仲介業者に高額な手数料を支払って
いること，②雇用主を変更する権利がないこと，③同一労働に対する不同一
賃金などを取り上げてきており，このような移住労働者を「管理」するシス
テムは労働者の基本的人権を抑圧し，21世紀における新たな奴隷制であると
捉え，その改善を目指している。

また，低賃金労働者として使われる移住労働者は，台湾における失業率の
増加に対するスケープゴートになっており，移住労働者たちは悪者とされ，
言われなき差別を受けていると主張している。労働者の人権や同一労働・同
一賃金を保障しない移住労働者に対する台湾の政策は，移住労働者たちを抑
圧するのみならず，結果的に，地域労働者の基本的な権利をも蝕んでいると
考えている。

経済発展に主軸を置いている台湾社会は，経済的に発展途上の国々からの
労働者を扱う際，人権や平等という視点を考慮しないことが多く，また，結
婚を通じて台湾に入国してくる移住労働者（外国人配偶者）のグループも，
文化的差異や，結婚と家庭内で果たすべき義務に対する異なった期待から，
困難に直面しているとも TIWA は主張している。

この間 TIWA は，「フィリピン人労働者団結組織」（KApulungan ng
SAmahang Pllipino, KASAPI）や「在台湾インドネシア人労働者連盟」（Ikatan
Pekerja Indonesia Taiwan, IPIT）の設立を支援してきた。同時に，人種や階
級に対する偏見拡散に対抗するため，台湾社会における移住労働者のイメー

写真2　インドネシア人労働者のための英語
　　　教室
出所：筆者撮影。

写真3　TIWA TIGER 結成記念パーティー
出所：筆者撮影。

ジを変え，相互理解，寛容，そして社会正義や平等を推進するために文化活動を積極的に開催している。

2011年5月の筆者による聞き取り調査の際，TIWA による文化活動支援の一例として，インドネシア人労働者支援の一環として週末に行っている各種行事のうち，英語教室を参観する機会に恵まれた。その教室の英語講師役は，台湾の大学院に留学しているインドネシア人学生たちで，ボランティアで教えていると話していた（写真2）。

また別の文化活動支援の例としては，スポーツもある。2014年9月に筆者が聞き取り調査を行った際，TIWA の事務所では，フィリピン人男性労働者によって結成されたバスケットボールチーム「TIWA TIGER」結成を祝う，ささやかな昼食パーティーが行われていた（写真3）。チームリーダーが TIWA の避難シェルターで過ごしていた際，持て余していた時間を他の入居者と共にバスケットボールをして過ごしたことが，チーム結成のきっかけであった。それまでも，工場や会社単位による移住労働者のバスケットボールチームは存在したが，支援組織名を冠したチーム結成はこれが初めてだという。そして，「KASAPI」ではなく「TIWA」をチーム名に含めたのは，TIWA の方が KASAP より知名度が高いこと，そして，TIWA に対

するリスペクトを表すためだと
チームリーダーは説明していた。
同年12月には TIWA TIGER の
デビュー戦が予定されていると
話していた。

　2003年，TIWA は移住労働者
に対して関心を持つ市民団体を
集め, 包括的組織機構「家事労働
法推進連盟」(Promoting Alliance
for the Household Services Act,
PAHSA) を設立した。現在,
労働時間や最低賃金などの労働

写真 4　　勞動部（労働省）庁舎前における抗
　　　　議活動
出所：筆者撮影。

法が適用されていない住み込みで働く外国人介護・看護ヘルパーや家政婦
（夫）も，労働法規によって労働者の権利が守られるべきだと提唱している。
2007年，PAHSA は「在 台 湾 移 住 労 働 者 連 盟」(Migrants Empowerment
Network in Taiwan, MENT) に名称を変更したが，同連盟は台湾における移
住労働者運動のもっとも重要な推進力の一つとなっている。

　筆者も，2014年11月の台湾での調査滞在中に，TIWA が移住労働者を所
管する中央政府の「勞動部」（労働省）前で行った抗議活動を見る機会に恵
まれたが，その抗議活動では，住み込みで働く移住労働者にも労働法による
最低賃金や休暇取得の権利を与えるよう強く訴えていたのが印象的であっ
た[14]（写真 4 ）。

　TIWA 独自の活動として筆者の目を特に引いたのは，移住労働者に関す
るドキュメンタリー本や写真集の出版，そして映像作品の制作と言ったメデ
ィア事業である。まず出版授業であるが，当時の TIWA 理事長（Executive

―――――――――――――
(14)　その後も，例えば2021年 5 月に「家事サービス法」(the Household Service Act)
　　制定を求める集会が台北市で開催されている。'Groups urge law to protect migrant
　　domestic workers', *Taipei Times*（2021年 5 月 3 日）.
　　〈https://www.taipeitimes.com/News/taiwan/archives/2021/05/03/2003756749〉。

190

Director）である顧玉玲（KU, Yu-ling）が台湾で暮らす移住労働者の日常を描いた『我們 移動與勞動的生命記事（英語タイトル *Our Stories; Moving and Laboring*,『私たちの物語 移動と労働』）を2008年に出版し，その英語版を2011年にも出している。この本の冒頭には，1989年に終戦直後の台湾を舞台にした映画『悲情城市』でヴェネツィア国際映画祭グランプリを受賞した映画監督，侯孝賢が推薦の序を寄せている。

同じく2008年には移住労働者たち自らが撮影した写真を掲載する写真集『凝視驛郷 VOYAGE 15840　移工攝影集』⁽¹⁵⁾も出版するなど，積極的な出版事業を行っている。

さらにユニークな TIWA の活動はドキュメンタリー映像の制作である。2006年には，家族に代わって寝たきりの老人と同じ病室で寝起きを共にし，看護・介護をする移住労働者たちの日常を記録した『八東病房』を製作している⁽¹⁶⁾。その中で，このような移住労働者には労働法が適応されず，最低賃金も保障されないことから，台湾人よりも安い賃金で，事実上，1日24時間，365日休みなく働いている移住労働者のあり方について警鐘を鳴らしている。2007年には台湾人労働者にビデオカメラを貸与し，彼らの日常を撮影した作品集『轟』を作成，2010年には，2004年12月に工場閉鎖によって職を失った120名のフィリピン人女性労働者たちの労働争議とその支援を行った TIWA の活動を追ったドキュメンタリー『T 婆工廠』（英語タイトル *Lesbian Factory*）を，そして，その後フィリピンに戻った彼女たちのその後の姿を追った『彩虹芭樂』（英語タイトル *Rainbow Popcorn*）を製作している。特に『T 婆工廠』では，移住労働者が失業した際，それまで認められていなかった別の事業場への移籍が，この労働争議をきっかけに認められるようになり，雇用主側の都合で一方的に強制帰国させられる心配がなくなり，移住労働者による

---

(15)　この「15840」という数字は，2008年当時の台湾における最低賃金（台湾元・月額）を表している。当時のレートは1台湾ドルが約3.3円だったので，日本円に換算すると約5万2,300円である。
(16)　台湾では入院患者の世話は家族や家族に雇われた介護者が病室に寝泊まりしながらすることが一般的であり，そのため移住労働者も多く働いている。

新たな権利獲得という成果を得た一方で，再就職の際，選ぶ権利はあくまでも雇用主側にあり，移住労働者の意向は考慮されなかったという，新たな問題点を浮き彫りにすることに成功している。後述するように，現在では，雇用主側の都合や責任で職を失った移住労働者には，再就職活動の際には，自身が気に入った雇用主が見つかるまで何度でも選ぶ権利が認められるようになっているようだが，この労働争議がそのような改善の流れを作る一つのきっかになったことは確かであろう。

　2014年11月，筆者は台湾における最近の移住労働者事情や問題点についてTIWA の先に紹介した呉靜如研究員についてインタビューする機会に恵まれた。その際，以下のような答えが返ってきた。

・近年，シェルターにはメンタルの問題を抱える移住労働者が増えてきている。
・住み込みの家事・介護・看護労働者の負担を減らすために，日本の介護保険制度のようなものがあれば，台湾人労働者と一緒にシフトを組み，通いで仕事ができるようになるのではないかと考えている。
・雇用が最大12年にまで伸びたことは，その分，TIWA のような支援団体と移住労働者の繋がりが長くなるため，組織の維持や発展の視点からは有益である。
・個人的には，台湾に長期滞在している移住労働者には市民権を，それができなければ，投票権を与えるべきだと考えるが，TIWA 内でも意見は分かれている。
・台湾には終身雇用の考え方が無いので，長期勤続＝終身雇用とはならない。
・健康診断は，本人のためではなく，雇用者のために，しかも労働者側の費用負担で行われており，診断の結果によっては滞在要件が満たせなくなることを労働者本人に十分説明していなかったり，説明を受けていても本人が理解できていないことが多かったり，結果，不当に雇用契約が破棄されやすいという事態が起きており，人権上，問題がある。

・台湾の労働組合の中には，移住労働者は自分たちの仕事を奪う競争相手だと考える人々も多いので，TIWA と台湾人労働者との連帯が一つの課題である。

　2014年11月当時，台湾では同年１月に導入された高速道路の全面自動徴収化によって1,000人もの料金徴収人が職を失い，その失業に対する補償が不十分であるとして，大規模な抗議活動が繰り返されていたが，TIWA も一緒になって支援活動を行うことで，台湾人労働者と移住労働者の連帯強化を目指していた。

5　新事社會服務中心（レールム・ノヴァールムセンター）[17]

写真5　レールム・ノヴァールムセンター
出所：筆者撮影。

　1971年に設立されたレールム・ノヴァールムセンターは，発足当初，先住民族出身の労働者（特に女性）の支援を目的に活動を開始した，イエズス会系の組織である。その後，1990年代に労働災害に苦しむ労働者たちを支援し，大挙して台湾に入ってきた移住労働者たちの世話をするためにサービスを拡張してきた。同センターは理事会によって運営され，イエズス会員２人，様々な分野から招いた専門家８人で構成されている。

　1999年９月21日に発生した集集大地震における先住民支援をきっかけに，

同センターは南投県の先住民コミュニティーの中でもサービスを展開，2004年以降は，新竹県でも先住民支援の活動を続けている。

　筆者が初めて調査をした2011年当時，レールム・ノヴァールムセンターは約10人の常勤職員の他，非常勤職員を雇用しており，センターのある台北市での活動は，主に移住労働者の支援に集中していた。例えば，通訳者を手配したり，一時滞在用のシェルターを女性移住労働者に提供したりしている。ここでは，労働災害や事故の被害を受けた労働者を支援する部門も活動していた。また台北のような都市に移動してきた先住民が雇用されるよう支援する一方，南投県と新竹県の先住民たちのために2つのラジオ番組を放送している。[18]

　多くの意味で，レールム・ノヴァールムセンターが現在行っている活動は1970年代にやっていたこととはかなり異なる。先住民族出身の労働者が虐げられることは少なくなったが，一方で，しばしば独りで放っておかれ，惨めな扱いを受けている移住労働者は急増しており，彼らへの支援は台湾における社会正義に関する重要な問題点となっていると，同センターは認識している。筆者が調査した2011年と2014年当時は，ベリス・メルセス宣教修道女会の大変精力的な会員である，シスター韋薇（Sr. Stephanie Wei）が中心となって，同センターの指導に当たっていた。

　筆者は2011年5月と2014年11月に同センターを訪れ，上述のシスター韋薇さんへのインタビューの他に，同センターのシェルターで保護している外国人女性労働者たちに対する支援活動を見学させてもらう機会に何度か恵まれ

---

(18)　南投県での主な活動は，上質なマウンテンティーである「阿朗茶」を原住民の間で生産し販売する支援である。当初は多くの困難に直面したが，その後，このブランドはお茶の目利きの間で有名になり，貧しい先住民農家の収入が増え，生活水準も上がった。新竹県では，2005年に先住民の中学生たちのために個人指導教室が設立されたのを皮切りに，困難を抱えている世帯のケアや，夏には新竹県の先住民村の特産である「ハニーピーチ」（honey peaches）の販売の手助けを行っている。
　このようなイエズス会による台湾先住民支援のためのセンターが1970年代というかなり早い時期に開設されたのは，イエズス会の小教区が1950年代に設立され，先住民支援活動がすでに始まっていたこと，そして，約20万人と言われている台湾のカトリック教徒人口の約5分の2が先住民であること等が主な理由である。

194

写真6　大学生による折り紙教室

出所：筆者撮影。

た。その中で特徴的な取り組みの一つとしては，大学と連携した支援活動であった。台湾の大学では奉仕活動による単位取得が卒業要件に含まれている。そこで大学生が中心となって移住労働者への支援活動を考え，それを実践するという場を同センターが提供する形で，大学と連携していた。筆者はそのような活動を数度見学できたが，その中で印象的だったのは，一つは大学生による「折り紙教室」（写真6），もう一つは，中国語をコミュニケーション言語として用いることで，中国語を学びながら行う「料理教室」であった。

　2014年11月，筆者はシスター韋薇に台湾における当時の移住労働者問題について聞き取り調査したところ，以下のような回答を得た。

・シェルターの場所は雇用主やブローカー対策のため秘密にしている。
・雇用期間が12年に伸びたことの是非は，移住労働者自身が判断すれば良い。
・さらに雇用期間を延長するという議論もあるが，台湾では15年以上滞在すると永住ビザ取得要件を満たすので，そうはならないと思う。
・以前は，シェルターに避難してきている労働者たちの再就職のための面接は3回までと制限されていたが，現在は気に入った雇用主が見つかるまで職探しが可能になった。
・日本のような介護保険制度の導入については，移住労働者が派遣労働者になる可能性が高く，彼らにとっては逆に様々なリスクが高まるのではないかと懸念している。
・現在，政府担当者との協議の場で，3年間の雇用契約が切れた移住労働

者が一時帰国しなくても，そのまま台湾に残り雇用延長できるよう，制度改正を主張している。そうなれば，3年ごとの一時帰国費用や仲介手数料を支払わずに済むので移住労働者にとってメリットが大きいが，一方，手数料収入が減る仲介業者からの強い反発が予想される。[19]

6 コロナウイルス禍における台湾の移住労働者

ここでは2020年以降のコロナ禍における台湾の移住労働者について象徴的な出来事を2つ取り上げ，TIWA研究員で筆者が長年お世話になっている上述の呉静如との遠隔インタビュー（2021年5月3日実施）から得た知見も交えながら，台湾における移住労働者と社会的包摂について紹介したい。

（1）失踪移住労働者とコロナ禍

コロナ禍と移住労働者に関して台湾世論を大きく揺るがした最初の出来事は失踪移住労働者問題である。[20]

2020年2月26日，台湾の中央感染症指揮センターが公表した新型コロナウイルスの32人目の感染者が，インドネシア出身の失踪移住労働者であった。この労働者は病院で27人目の感染者の介助を担っていたことが原因で感染したのだが，これが報道されると台湾社会はパニック状態に陥った。

2020年当時，台湾では約5万人の移住労働者が失踪状態にあったとされるが，その多くは仲介費の支払いで負債を抱えていたり，労働条件が悪かった

---

(19)　雇用期間が終了する際には「1度台湾から退出しなければならない」という規定は，2016年に削除されている。労働政策研究・研修機構（JILPT）（2018）「第6章 台湾」『諸外国における外国人材受入制度―非高度人材の位置づけ―イギリス，ドイツ，フランス，アメリカ，韓国，台湾，シンガポール―』144頁。

(20)　日本では失踪した移住労働者を「不法」滞在者と表現し，社会から排除する傾向が強いが，失踪に追い込まれる移住労働者を包摂する表現としては「登録されていない」（undocumented）移住労働者を用いる場合が多い。本章では「失踪移住労働者」を用いる。

り等，さまざまな理由で契約上の雇用主の下を離れてオーバーステイとなり，行政による把握が途切れてしまった者たちであった[21]。この報道後，地方行政の首長たちのなかには「不法移住労働者の取り締まりを厳格化する」と発言をする者も出た。

　このような失踪移住労働者に対するバッシングに対して，台湾の大学教員5名が「移住労働者の包摂こそが最良の感染症予防措置である」という共同声明を2020年2月末にいち早く発表し，当局による「取り締まりの厳格化」の効果に疑問を呈した。その中で，失踪移住労働者にとってメリットはなく懲罰のみがあるようなやり方では，彼ら・彼女らはますます身を隠し，病気になっても病院に行けない状況になるだろうと指摘，その結果として，感染症予防ネットワークのほころびがますます大きくなるだろうと警鐘を鳴らした。

　さらに，この声明の中で，こうした報道は台湾の人びとのあいだに失踪状態の移住労働者に対する恐怖のパニックを引き起こし，やがてはさらなるレイシズムとステレオタイプ的な見方を招きかねないとも主張した。

　この共同声明では台湾政府に対して，新型コロナウイルスの感染拡大を有効にくい止めるために，失踪状態にある移住労働者に医療サポートを提供し，正規の仕事と法的地位を付与することも求めた。なぜなら，失踪状態にある移住労働者が体調不良のときに身を隠すのではなく病院に行けるようになれば，感染拡大を避けることができるからである[22]。

　2020年3月にはTIWAを筆頭に移住労働者の支援団体や大学教員が共同で失踪移民労働者を「追い出さないこと」，「罰しないこと」，そして，「法的地位を回復させること」を求める請願書を台湾政府に提出している[23]。

---

(21)　台湾における失踪移住労働者について詳しくは，鄭安君（2020）「台湾における外国人介護労働者の失踪問題──制度的弱者のジレンマと『総弱者化』の進行」『移民政策研究』を参照。

(22)　出版舎ジグ「移住労働者の権利と感染症対策をめぐる台湾の大学教員5名の共同声明」『jig-いま・ここで』（2020年3月8日）。

(23)　台灣焦點通訊社「武漢肺炎》防疫網補洞　勞團籲無證移合法化　陳時中：會跟勞動部討論」（2020年3月4日）。

このような台湾市民の活動や，中央感染症指揮センターが失踪移民労働者の取り締まり強化は必要ないとの見解を示したこと，そして，その後台湾では感染拡大が起きなかったこともあり，この騒動は収束していった。一方，台湾政府は失踪移民労働者に対し名乗り出ることを推奨しただけで，共同声明や請願書が求めた諸要求を受け入れなかった。[(24)]

写真7　台北駅コンコースで週末を過ごす移住労働者
出所：筆者撮影。

（2）台北駅コンコースと移住労働者の包摂

新型コロナウイルスの感染拡大を防ぐため，台湾鉄路管理局（台鉄）は2020年2月末から台北駅1階コンコースでの座り込みとイベント開催を禁止した。同駅のコンコース利用が禁止される以前，イベント開催以外にも，インドネシア人を中心に経済的にゆとりのない移住労働者たちが，交通の便がよく，エアコンも効いている同駅コンコースに集い，故郷の食べ物を持ち寄り，ピクニックさながらに食事をしたり，おしゃべりをしたりして休日を過ごす，憩いの場として利用されてきており，台湾における移住労働者の社会的包摂を象徴する場となっていた（写真7）。

その後，感染拡大の封じ込めに成功したこともあり，台北駅コンコースの利用再開を求める声が台湾市民から上がりはじめたが，2020年5月に台鉄が永続的に座り込み禁止の方向で検討していることが報道されると，同月19日，

写真8　台北駅コンコースの開放を求める
　　　人々
出所：TIWA Facebook より

林佳龍交通部長（交通大臣）は新型コロナウイルスの感染が落ち着いた後、「中央感染症指揮センターと開放に向けて話し合うよう台鉄に指示した」とフェイスブックで明らかにし、感染終息後には「なるべく早く元通りにする」との姿勢を示した。[25]

　2020年5月23日にはネットでの呼びかけに応じた大学生を中心とする台湾市民およそ500人が台北駅コンコースで座り込みを行うことで、利用再開を強く求める行動に出た。この座り込みの参加者の1人である胡庭碩さんは、次のような意見を述べている。

　　外国人労働者は日曜日にしか台北駅のコンコースに集まらない。しかし、コンコースの使用問題が議論されるたびに、外国人労働者が焦点となった。これはある意味では、外国人労働者に対する差別視だ。[26]

　台湾市民が台北駅コンコースで座り込みを行った翌5月24日は、イスラム教の断食月（ラマダン）明けの日であった。例年、このラマダン明けを祝う行事が同駅コンコースでも行われてきたが、この日は同駅横の広場で執り行われた。台鉄は新型コロナウイルスの感染予防として参加者にはマスクの着用や社会的距離の保持を要請し、5回の時間帯に分け、1回ごとの人数を制限するなどした。同日、台北駅コンコースには警察官が多数配備されたが、

---

(25)　「台北駅ロビー，交通相『コロナ後元通りに』座り込み禁止検討から一転／台湾」『フォーカス台湾』（2020年5月19日）。
(26)　「ラマダン明け祝う行事 コロナウイルス対策徹底も台北駅では座り込み／台湾』『フォーカス台湾』（2020年5月24日）。

その周囲では多くの移住労働者が座り込むなどしていた。そして，TIWAを含む移住労働者の支援団体なども台北駅に駆け付け，コンコースの自由な使用を求めて移住労働者と共に抗議の声を上げたのである。

このような台湾市民や移住労働者による抗議活動もあり，2020年6月初めには，感染予防策の下，台北駅コンコースの利用が再開された。さらに，「はじめに」で引用したように，翌7月，台鉄は台北駅の多元性やフレンドリーさ，そして，包容力をアピールするために，同駅コンコースの床面にさまざまな表情のスマイルマークと一緒に，中国語や英語，日本語，韓国語など，10カ国語で書かれた「スマイル」の文字をあしらったシールを貼付したのであった。(27)

おわりに

以上，台湾における移住労働者の権利擁護や社会的包摂の先進事例について，台北市や新北市という自治体における移住労働者行政，TIWAやレールム・ノヴァールムセンター等の民間団体による支援活動，そして，コロナ禍における台湾での移住労働者包摂事例について，筆者によるこれまで行ってきた現地調査と共に紹介してきた。

第3章の「はじめに」にでも述べたように，日本政府が進めようとしている移住労働者導入の拡大を進める大前提には，移住労働者である技能実習生や特定技能者たちを一時的に日本に滞在する単なる労働「力」としてではなく，日本人同様，労働「者」と見なす視点が絶対不可欠である。そして，そのような移住労働者も地域住民の一員であり，人間らしい健康で文化的な生活を日本で送るためにも，彼ら・彼女らを違法な最低賃金以下で働かせることや，それによって必然的に発生する長時間労働や連日の残業，そして休日出勤などを解消させる必要がある。

----

(27) 「台北駅ロビー，スマイルマークでイメチェン 包容力をアピール／台湾」『フォーカス台湾』（2020年7月12日）。

この最低限のルールさえ守られないようであるなら，今後も移住労働者受入れの整備が日本よりも進んでいる台湾や韓国，またはシンガポールなどに，より優秀な移住労働者の多くが流れて行くことになる。そして，そう遠くない将来，日本が切実に移住労働者を必要とするころには，彼ら・彼女らからは見向きもされない国になってしまっているであろう。

　実際，そのような動きに対する報道が日本国内でも2014年当時すでに始まっていた。同年7月には『NHKクローズアップ現代』が「アジア労働者争奪戦」と題して，より条件の良い韓国や台湾に移住労働者の人気が集まっている様子をレポートしている。また，2012年末に登場したいわゆる「アベノミクス」や2022年10月には1米ドルが一時150円代になるという，32年ぶりの歴史的な円安が急激に進んだ結果，日本円による賃金は大きく目減りしており，移住労働者が日本をさらに敬遠する大きな要因になってきている。

　さらには派遣国側による海外への出稼ぎ労働規制という不安定要素もある。例えば，2014年11月にインドネシアの副大統領が5年以内に同国の女性が海外へ出稼ぎ労働に出ることを禁止する意向を示したことが報道され，台湾では衝撃をもって受け止められた。なぜなら，台湾における18万人近いインドネシア人女性労働者（当時）のうち約97％が看護・介護分野で働いており，彼女たちなくしては，従来の居宅での看護・介護制度が崩壊してしまうからだ。移住労働者受入れに対し国際的に日本よりも高く評価されてきた台湾でさえ，このような不安定要素を抱えているのである。

　もちろん，すべての台湾市民が台湾への移住労働者の社会的包摂を受入れているわけではない。失踪移住労働者の新型コロナウイルス感染にしろ，移住労働者による台北駅コンコースの利用にしろ，一部の市民や政治家は取り

---

(28)　「印尼禁輪女勞　外勞仲介：災難」『中央通訊社』2014年11月22日。

(29)　例えば米国務省による2021年度の人身売買報告書において，4段階のランクのうち，台湾は最高ランク（13年連続）であった。同年度の日本は第2ランク（3年連続）であったが，日本の友好国とされる米国からでさえ外国人技能実習制度や児童の性的搾取などについて継続して問題視されている。中華民国（台湾）外交部「米国務省の人身売買報告書，台湾は13年連続で最高ランクに」
（https://jp.taiwantoday.tw/news.php?unit=148,149,150,151,152&post=222455）。

締まりの強化や利用制限を求めていることもまた事実である。

　しかし，そのような移住労働者を社会から排除しようとする動きに対して，学者を含む一般市民やTIWAのような市民団体は台湾社会に対し声を上げることで，失踪移住労働者へのバッシングを防ぐだけでなく，さらに進めて彼ら・彼女らの社会的包摂を目指した。そして，このような台湾市民の声は，排除の象徴に変貌しそうだった台北駅コンコースを，台湾社会への移住労働者の社会的包摂を再認識できる，新たな象徴的空間へと前進させたのであった。

　2020年以降の新型コロナウイルス禍によって，日本でも以前から存在していた外国人技能実習制度に関する諸問題がより鮮明にあぶり出されてきている。コロナ禍において移住労働者にとってはより厳しくなった労働や生活環境の中においても，上述の台北駅コンコースの事例からは，台湾市民や移住労働者自身の行動によって，彼ら・彼女らは台湾社会への包摂と前進ができることを明らかにした。このような台湾での事例から学ぶことで，周縁化された技能実習生の日本での社会的包摂や同制度の改善，さらには同制度の廃止へ向けての前進にも繋がりうる。

　技能実習生を含め今後も移住労働者を日本に導入し続けるのであれば，台湾や本書で紹介されている韓国と同等，いやそれ以上の，かなり思い切った施策や支援を日本政府がしなければ，近い将来，日本社会が必要とするような移住労働者は集まってこなくなるだろう。そうならないためには，本章で述べてきたような台湾における行政の取り組みや民間団体の人権擁護・社会的包摂の活動経験等から，たとえ周回遅れであったとしても，日本社会は今からでも大いに学ぶ必要がある。台湾でできているような移住労働者に対する人権擁護や社会的包摂ができない（やりたくない）というのであれば，技能実習制度を含む移住労働者の日本への受入れは全面的に廃止し，移住労働者には依存しない国づくりをするぐらいの覚悟が日本政府や日本社会には求められよう。

202

謝辞

　台北市外国人労働者相談センター，新北市政府勞工局，TIWA，そして，レールム・ノヴァールムセンターのみなさんには，インタビューに貴重な時間を割いていただき，さらに各種資料も提供していただいた。ここに改めて感謝の意を表したい。

［参考文献］

安里和晃編（2018）『国際移動と親密圏：ケア・結婚・セックス』京都大学学術出版会。

伊藤るり・足立眞理子編著（2008）『国際移動と「連鎖するジェンダー」：再生産領域のグローバル化』作品社。

江原裕美編著（2011）『国際移動と教育：東アジアと欧米諸国の国際移民をめぐる現状と課題』明石書店。

落合恵美子・山根真理・宮坂靖子編（2007）『アジアの家族とジェンダー』勁草書房。

落合恵美子編（2013）『親密圏と公共圏の再編成：アジア近代からの問い』京都大学学術出版会。

夏暁鵑（2018）『「外国人嫁」の台湾：グローバリゼーションに向き合う女性と男性』東方書店。

臺北市政府勞働局（2022）「Taipei Listen to Me」。

臺北市勞動力重建運用處（2022）「外籍移工健康検査及衛教宣導」。

タン，オードリー（2020）『オードリー・タン　デジタルとAIの未来を語る』プレジデント社。

鄭安君（2020）「台湾における外国人介護労働者の失踪問題―制度的弱者のジレンマと『総弱者化』の進行」『移民政策研究』。

　本章は，村上雄一（2015）「台湾における外国人労働者の権利擁護」『外国人研修・技能実習生の人権擁護のための日越国際共同アクション・プラン策定研究』および村上雄一（2021）「台湾における移住労働者の権利擁護―コロナウイルス禍におけるインクルージョン（包摂）事例から」『日本の科学者』vol. 56を基に加筆・修正したものである。

おわりに

坂本　恵

　日本の外国人技能実習制度が導入されたのは1993年度であった。

　本書が刊行される2023年度は，この制度が始まって30年たつ節目となった。

　国内産業，農業や建設業，介護分野での外国人技能実習生らの貢献は日本の発展の貴重な礎となっている。しかし同時に，制度開始から30年がたってもこれほど国内外から不備が指弾されている制度も例を見ないのではないだろうか。アメリカ内務省の人権レポートでは15年にわたり，日本の技能実習制度が「奴隷労働」であるとの指弾を受けてきた。いくたびの「入国管理・難民認定法」の改定によって，技能実習生保護法や技能実習機構が新設された今でも，本書が明らかにしたように，外国人技能実習生の基本的な権利や人権が保障されない事態が続いている。少子高齢化に直面する日本にとって経済発展をおこなううえでも，外国人技能実習生，特定技能労働者の助力は不可欠なはずなのに。

　外国人技能実習生の権利擁護にかかわる研究会が発足したきっかけは2007年1月にさかのぼる。

　新幹線の中でふと目に触れた地元紙のほんの二，三行の記事がきっかけであった。その記事には福島県内の縫製会社が経営困難となり，研修していたベトナム人技能実習生10名に賃金が支払われず，苦境に見舞われているというものであった。食べ物でも差し入れてあげようと，実習生らの宿舎を訪問すると，会社は最低賃金を大幅に下回る時給300円ほどで，残業も強要し，「しゃんないちょきん」と称して，給与の一部を不当に差し引き，さらに1月の寒さの中，宿舎の電気，水道，ガスを止め，帰国を強要していることが分かった。「オカネヲ，モッテカエレナイナラ，ハズカシイ」と口々に語る20，30代の女性実習生らは結局，雪の降りしきる2月14日のバレンタインデ

一の日に仙台空港から，会社，協同組合により意に反して帰国させられた。幸い地元テレビ局がその模様をとらえ，仙台空港で「カエリタクナイ，キュウヨヲシハラッテ，ホシイ」と泣き叫ぶ彼女らの姿がその日の夕方のニュースで報道され，県内で生じる深刻な権利侵害の実態が明らかとなった。

　今日，外国人技能実習制度は広く知られているが，当時はまだ技能実習の就労実態を含めて，ほとんど知られてはいなかった。まさか，地元でこのような権利侵害が起こっているとは。それが正直な気持ちであった。また，わざわざ日本にきて就労する実習生らを不当に扱うことが許せない，また，このようなことが地元で生じていることが恥ずかしいという思いであった。のちに研究メンバーの一人となる坂本は，実習生らを追って，その年の３月，初めてベトナムの地を踏み，実習生家族らと話し合い，問題の解決に努めた。この取り組みがそののち，外国人実習生の権利擁護について文部科学省科学研究費を得て研究するこの研究グループの出発点となった。

　アジア経済の専門家で韓国の雇用許可制度を研究する佐野孝治，台湾の海外労働者受入れ状況に詳しい村上雄一とともにすすめた研究の本書は一つの結節点である。またベトナム人女性技能実習生の支援を論じる巣内尚子の論を収録できたことは嬉しい限りである。

　「なぜなのだろうか？　日本においてどのような外国人労働者支援システムが必要で，その構築は可能なのだろうか？」

　ただ一つのこの基本的な問いに解を見い出す取り組みに本書の執筆者らは取り組んできた。文部科学省科学研究費などを繰り返し得た私たちの取り組みは，また，韓国，台湾の外国人労働者受入れ施策に，日本で構築されるべき「外国人労働者支援システム」策定のヒントを探る取り組みでもあった。

　本書第１部は韓国，日本，台湾での外国人労働者，移住労働者受入れの現状を国際比較の形で明らかにしている。韓国に関して佐野孝治が第１章で明らかにしたのは，日本にとって最も示唆に富む韓国の「雇用許可制」の詳細の紹介と日本と韓国の外国人労働者受入れ政策の比較である。またさらに踏み込んで「雇用許可制」でも依然として解決されていない問題点は何かという点にも触れた先駆的研究である。第２章で坂本恵が論じたのは，日本にお

ける外国人技能実習生の貢献をとくに中規模受入れ県に焦点を当てて明らか
にするものであった。第3章，村上雄一論文は台湾に焦点を当てて，とくに
台北市，新台北市での移住労働者受入れの現状を示している。

　第2部はさらに多角的に外国人労働者，移住労働者支援で求められる課題
を示し，受入れ施策の実現に向けた道筋を明らかにしている。第4章は2016
年の入国管理法改定と2018年の特定技能労働者受入れに関する改定にあたっ
て，衆議院法務委員会で坂本が行った参考人意見陳述を再録した。また，近
年，女性外国人技能実習生が直面している日本国内での妊娠，出産にあたっ
ての差別的扱いに焦点をあて，日本の労働関係法令に基づく対応や支援が求
められること，また，国内においてカトリック・コミュニティが果たしてい
る重要な役割を第5章，巣内尚子論文は明らかにした。第6章で佐野は，韓
国では相対的に外国人住民が少ない韓国江原道に焦点を当て，多文化家族・
外国人労働者支援システムを明らかにしている。このことは第7章で村上が
台湾における移住労働者の権利擁護と社会的包摂について明らかにした点と
響きあっている。現在求められるのは排除，疎外の理論ではなく包摂，受容
の姿勢であることが明らかにされている。

　20年近くにわたる私たちの取り組みが，現状に対してどれだけの示唆を示
すものとなってきたのかは心もとない限りである。しかし同時に丹念な調査
研究，現地での聞き取りを日本国内はもとより，韓国，台湾，ベトナムで繰
り返し行ってきた点についてはささやかな自負を感じてはいる。

　本書が外国人技能実習生支援，外国人労働者，海外に背景を持つ多国籍住
民の支援にあたっておられるみなさんの手元に届き，重層的で多彩な外国人
労働者支援システム構築に向けて，ともに歩を進められることを心から願って
いる。

執筆者紹介 （執筆順）

佐野孝治（さの　こうじ，序文，第1章，第6章）

　福井県出身，慶應義塾大学大学院経済学研究科博士課程単位取得退学。
　福島大学副学長，経済経営学類教授。専門分野：開発経済学。
　主要業績：『日韓における外国人労働者の受入れ』（分担執筆），九州大学出版会，2022年。
　『東日本大震災からの復興に向けたグローバル人材育成』（共編著），八朔社，2022年。
　『グローバル災害復興論』（共編著），中央経済社，2017年。

坂本恵（さかもと　めぐみ，第2章，第4章，おわりに）

　三重県出身，中央大学大学院文学研究科博士課程単位取得退学。
　福島大学行政政策学類教授。専門分野：多文化共生論。
　主要業績：『外国人実習生　差別・抑圧・搾取のシステム』（共著），学習の友社，2013年。
　『外国人労働者と地域社会の未来』（共編著），公人の友社，2008年。

村上雄一（むらかみ　ゆういち，第3章，第7章）

　北海道出身，豪州クイーンズランド大学大学院博士課程修了（Ph.D in History）。
　福島大学行政政策学類教授。専門分野：オーストラリア研究（日豪交流史・移民史・多
　文化主義等）。
　主要業績：「台湾における移住労働者の権利擁護—コロナウイルス禍におけるインクル
　ージョン（包摂）事例から」『日本の科学者』vol.56（2021年），『大学的オーストラリア
　ガイド—こだわりの歩き方』（共著），昭和堂，2021年。

巣内尚子（すない　なおこ，第5章）

　一橋大学大学院社会学研究科修士課程修了。ラバル大学大学院博士課程。
　専門分野：国際社会学，国際移動のジェンダー分析，ベトナムから日本，台湾への移住
　労働。
　主要業績：「権利回復の回路と移住者支援活動—台湾と日本におけるベトナム人女性労
　働者の事例から」『経済社会とジェンダー：日本フェミニスト経済学会誌』7，2022年，
　「移住インフラにおける債務労働とジェンダー——日本と台湾のベトナム人労働者の事例
　から」『経済社会とジェンダー：日本フェミニスト経済学会誌』5，2020年，『奴隷労働
　——ベトナム人技能実習生の実態』花伝社，2019年。

外国人労働者と支援システム
——日本・韓国・台湾

2023年3月25日　第1刷発行

編著者　　佐野孝治
　　　　　坂本　恵
　　　　　村上雄一
発行者　　片倉和夫

発行所　株式会社　八朔社

101-0062 東京都千代田区神田駿河台1-7-7
Tel 03-5244-5289　Fax 03-5244-5298
http://hassaku-sha.la.coocan.jp/
E-mail：hassaku-sha@nifty.com

組版・森健晃／印刷製本・厚徳社
ISBN 978-4-86014-112-7

——— 八朔社 ———

福島大学グローバル人材育成企画委員会 編
東日本大震災からの復興に向けた**グローバル人材育成**　　　　　　　　　三五二〇円

帝京大学地域経済学科編集委員会 編
「地域」の学び方
経済・社会を身近に考えよう　　　　　　　　　　　　　　　　　　　　　二八六〇円

山川充夫・瀬戸真之 編著
福島復興学
被災地再生と被災者生活再建に向けて　　　　　　　　　　　　　　　　　三八五〇円

山川充夫・初澤敏生 編著
福島復興学Ⅱ
原発事故後10年を問う　　　　　　　　　　　　　　　　　　　　　　　五二八〇円

後藤康夫・後藤宣代 編著
21世紀の新しい社会運動とフクシマ
立ち上がった人々の潜勢力　　　　　　　　　　　　　　　　　　　　　　二七五〇円

消費税込みの価格です